慶應幼稚舎入試解剖学４

改訂版

合格する

願書の書き方

慶応幼稚舎・横浜初等部

早実　対策

「親バカ願書」「上から目線トーン」
「使いまわし願書」「意味不明願書」
「美辞麗句願書」が落ちる願書です！
３０文案の添削例を公開！

まえがき

　毎年９月は、小学校受験では願書作成のシーズンです。
　その時期、アンテナ・プレスクールではご希望のかたに対して、願書添削サービスを行っております。では、どういう観点で添削をしているのでしょうか？
　その前に、そもそも、どんな願書がよい願書なのでしょうか？
　色々なお教室の先生が、それぞれ独自のご意見をお持ちのようです。
　考えてみると自明なことですが、「どんな願書がよいのか？」を決めるのはお教室の先生ではなく、それを実際にお読みになり、合格者を決める小学校の先生方です。
　アンテナ・プレスクールは、データ・オリエンティッド（データの裏付けに基づく）のお教室です。お子さまたちに身につけてもらうことも、試験で出題されることばかりです。
　アンテナが行う願書添削サービスも、実際に願書をお読みになる先生方に取材した結果に基づいて添削しています。小学校の先生方に、「どういう願書がよい願書」で、「どういう願書がダメ願書なのか」を聞いて、それに基づいて添削をしているということです。なので、「細かい字でなるべくたくさん書きなさい」とか、「夏休みには富士山に登って、それを願書に書くのよ！」というような、根拠のない指導はしておりません。
　そういう前提で、願書の文案を拝読して感じるのは、保護者がお書きになる文案は、ほとんどがダメ願書だということです。
　自分の子供を客観視できずにひいき目に見る「親バカ願書」、学校に対する敬意が感じられない「上から目線トーンの願書」、色々な学校に同じような願書を出す「使いまわし願書」、文章は存在するが何を言いたいのかよくわからない「意味不明願書」、内容がない「美辞麗句願書」が典型です。
　本書では、よい願書を書くためのコツだけでなく、合計３０通の実際の文案とその添削結果も紹介しています。お役に立てれば幸甚です。
　なお、願書添削サービスご希望のかたは、アンテナ・プレスクールＨＰをご覧頂けますと幸いです（ｗｗｗ．ａ－ｐｒｅｓｃｈｏｏｌ．ｊｐ）。

　　　　　　　　　　　　　　　　　　　アンテナ・プレスクール校長　石井至

目次

第1章　よい願書を書くための
　　　　学校説明会の行き方　P7-14

- Q1．学校説明会と願書は関係があるの？　　P8
- Q2．学校説明会にはいつから参加すべき？　P8
- Q3．学校説明会には誰が行くべき？　　　　P10
- Q4．事前にすべきことは？　　　　　　　　P10
- Q5．学校説明会の会場では何をすべき？　　P12
- Q6．学校説明会終了後に何をすべき？　　　P13
- Q7．学校説明会の後に「お礼状」は出すべ？　P14
- Q8．学校説明会に行くときの服装は？　　　P14

第2章　合格するための
　　　　願書の書き方　P15-25

- Q　9．そもそも、願書は大切なのか？　　　P16
- Q10．願書で気をつけるべき点は？　　　　P16
- Q11．お教室の先生からは「願書は小さな字でびっちり書くべき。そうでないと熱意が伝わらない」と指導されたが…。　P18
- Q12．では、何字で書くべきなのか？　あるいは、読みやすい、大きな字というのはどの程度の大きさなのか？　P19

Ｑ１３．願書の文案作成の手順は？　　　　　　　Ｐ19
Ｑ１４．願書はどんなことを書くべきなのか？　　Ｐ20
Ｑ１５．オリジナリティーがある願書というのは、
　　　　どうやって書くのか？
　　　　面接がある学校とない学校で願書の書き方は
　　　　変わるのか？　　　　　　　　　　　　　Ｐ21
Ｑ１６．願書は誰が清書すべきか？　　　　　　　Ｐ22
Ｑ１７．清書で失敗しないコツは？　　　　　　　Ｐ22
Ｑ１８．慶応幼稚舎・横浜初等部の願書の後半
　　　　（いわゆる第２問）の「福翁自伝」について
　　　　のところは、どこに気を付けるべきか？　Ｐ24
Ｑ１９．願書書きで徹夜になりそう…　　　　　　Ｐ25
Ｑ２０．願書を書く筆記具は万年筆？　　　　　　Ｐ25
Ｑ２１．願書添削を受けるときの注意点は？　　　Ｐ25

第３章　　願書添削の具体例　　Ｐ27-Ｐ77

　　　慶応幼稚舎　自由記入欄　　　　Ｐ28-39
　　　慶応幼稚舎　福翁自伝　　　　　Ｐ40-45
　　　慶應横浜初等部　志望理由　　　Ｐ46-57
　　　慶應横浜初等部　福翁自伝　　　Ｐ58-63
　　　早稲田実業　入学志願書　　　　Ｐ63-75

第1章

よい願書を書くための学校説明会の行き方

Q1．学校説明会と願書は関係があるの？
　　あるいは、学校説明会に行かないと合格しないの？

A1．まずは後ろの質問から回答します。学校説明会に行かなくても合格する人はいますが、学校説明会に行く方が有利です。
　2つの理由からです。一部の学校では、学校説明会に参加した人に名前を書かせて提出させます。そのような学校では、学校説明会に参加することで「加点される」と、私は見ています。学校説明会に参加すれば試験の得点が増えますので、試験に有利になります。
　ただ、多くの学校では、学校説明会に参加するという行為自体では有利にはなりません。学校説明会に参加することで得る情報、その情報に基づく、あるプロセスを得ることが、願書を書く際に役立ちます（プロセスについてはQ6（P13）参照）。　ですので、最初の質問である「学校説明会と願書は関係あるのか？」という質問には、「多いに関係がある。というより、<u>学校説明会への参加を願書の内容に生かすことが大事</u>」という回答になります。
　学校を志望するというのは、学校の教育方針に賛同し、校風を気に入り、学校卒業後の進路などもふまえて、我が子を通わせたいと思うからこそ志望するわけですから、学校の教育方針や校風などを知る機会を得るということは最も基本的なことです。そういう意味で学校説明会に参加することは必須です。

Q2．学校説明会にはいつから参加すべき？

A2．多くの学校では、学校説明会への参加条件に、子供の学年（年齢）を入れていません。つまり、子どもが生まれたばかりでも、あるいは、極端なことを言えば、生まれる前でも参加できるのが一般的です。
　では、いつから参加すべきなのか？
　私の意見では、<u>できれば年少さんから、遅くとも年中さんから学校説明会に参加すべき</u>だと考えます。
　当然のことながら、年長さんの年には、第一志望校から第三志望校くらいまでは必ず参加してください。というのは、学校説明会では受験に関わる重要な情報

が発表されることがあるからです。たとえば、早稲田実業や立教小学校では、以前は、学校説明会で試験の受験順について発表することがありました。「今年は女子からです」などと教えてくれるわけです。受験日がいつになるかは、併願校を決める上で重要です。こういう重要な情報は学校説明会でのみ発表され、ホームページや資料などには記載されていませんでした。

　ですので、<u>年長さんの場合は、今年受験の最新情報を得ることができるため、必ず学校説明会には参加する必要があります</u>。

　では、年中さん以下は、どうして学校説明会に参加すべきなのでしょうか？
　<u>年中さん以下の場合は、学校選びのためです</u>。先ほども述べましたが、学校を志望するということは、学校の教育方針に賛同し、校風を気に入り、学校卒業後の進路などもふまえて、我が子を通わせたいと思って志望するわけです学校に関する情報を収集できる貴重な機会が学校説明会です。

　多くの人は私立小学校だけで平均４〜５校に願書を出します。都内にお住まいの方だと、模擬試験代わりに１０月に神奈川・埼玉・千葉などの近県の学校を１〜２校受け、本命の学校が１１月に２〜３校、滑り止め１〜２校というのが一般的です。ただ都内だけでも私立小学校は５０校以上ありますので、どの学校を受験するのかを決めるのも容易ではありません。そのため、年少さんと年中さんの時期に分けて、多めに１０校程度の学校の説明会に行くことを勧めています。

　何校かの学校説明会に参加すると、学校に対する自分なりの好き嫌いがわかってきます。また、保護者が子供の頃の私立小学校の評判と、今の評判は結構異なり、「昔はパッとしなかった学校でも、今は人気校」というケースは珍しくありません。先入観を持たずに、学校のホームページ（ＨＰ）での印象や、お教室の先生のアドバイスを聞いて、１０校程度を選ぶことになります。そこから受験する４〜５校を選びます。

Q3．学校説明会には誰が行くべき？

A3．年中さん以下の場合は、（ご両親が揃っているご家庭の場合は）お父さんとお母さんが手分けして学校説明会に参加しても結構です。そこで、「この学校は良かったよ」という話になれば、次の年、あるいは、年長さんの年には、ぜひお二人でご参加ください。

一方、年長さんのときには、ぜひご両親そろってお二人で参加することを強くお勧めします。シングルマザーなどで片親の場合は、ぜひ、おじいちゃんや、おばあちゃんと（あるいは、友人と）一緒に参加することをお勧めします。

というのは、それが、願書を書く際に必要なプロセスにつながるからです。そのプロセスについて、詳しいことはQ6（P13）で説明します。

Q4．学校説明会に参加する前にすべきことは？

A4．学校説明会に参加するにあたって、事前にすべきことは3つあります。

ひとつは、日程と場所の確認です。「何を当たり前のことを！」と思われるかもしれませんが、意外と間違える人がいます。というのは、学校説明会の日程は学校のＨＰで確認する場合がほとんどだと思いますが、学校は民間企業と違って、ＨＰの更新がタイムリーかつ適切に行われているわけではありません。ＧＷ（ゴールデンウィーク）の時期でも、前年度の情報がそのまま掲載されていることもあるほどです。また、使っているパソコンで古い情報がそのまま提示されることもあります（ＨＰ画面の「リフレッシュ」が必要）。多くの場合は、月日と曜日が一致するか否かを確認することで、今年の情報なのか、昨年の情報なのかがわかります。ぜひご確認ください。

また、場所を間違える人もいます。例年6月第一日曜日に行われる早稲田実業の学校説明会は、国分寺にある早稲田実業初等部では実施されずに、新宿区早稲田の早稲田大学大隈講堂で行われることが一般的です。「学校説明会なのだから、学校で行われる」と思いこんで間違える人が例年います。ですので、念のため、ご確認ください。

ふたつめは予約の有無の確認です。従前は、学校説明会というのは、当日思い立って、ぶらりと行って参加できるものだったのですが、最近では事前にＷＥＢ

で予約するというのが流行りです。

　それも、昨年までは「ぶらりでOK」だったのが、今年から急にWEB予約に変わるということもありますので、ホームページできちんと確認してください。

　一部の学校では、学校説明会に参加できる人数に制限があり、満員で申し込めなくなることもありますので、時期がきたら（目安は、学校説明会の実施1か月前程度）、毎日、学校のHPを見て予約できるかどうかを確認する必要があります。東京都市大学付属小学校のような人気校では、予約開始当日に満員になることがありましたので注意が必要です。

　ただ、WEBで満員になっても参加できる場合があります。たとえば慶応横浜初等部では、当日会場で、「事前に予約していない人」は説明会参加時刻まで待ってもらって、（予約していて欠席する人もいるので）空席があれば参加できるような扱いをとっているようでした。また、お教室の先生が親しい私立小学校では、お教室の先生からお口添えを頂いたら、特別に参加できるケースもあります。万が一、うっかりして志望校の学校説明会のWEB予約が満員になっていた場合は、お教室の先生に相談してみるのも一つの方法です。

　3つめは、関係書籍の事前読破です。

　典型的には、慶應幼稚舎や横浜初等部を目指す人の場合は、「福翁自伝」です。「福翁自伝」は、慶應義塾の創設者・福澤諭吉の自伝です。福澤諭吉がどんな人物だったかがわかる感動する素晴らしい本です。たとえば、慶應幼稚舎の学校説明会では、慶應の複数の中学校が同じ慶應義塾であるにもかかわらず、それぞれ校風や教育内容が異なる点について、「福澤諭吉の教育理念を体現するという点では同じですが、同じ山の頂点に登るにしても、そのルートは複数あります」という表現で説明します。「福翁自伝」は著作権が切れた作品なので、数多くの出版社から出版されています。目的に合った本を選ぶべきですが、保護者が慶應出身でない場合、手っ取り早く内容を理解するには、ちくま新書の「現代語訳　福翁自伝」（斎藤孝翻訳）をお勧めします。私が書いた「慶應幼稚舎と慶應横浜初等部」（朝日新書）もご参考になると思います。

　早稲田実業の場合は、元・全体校長の渡邊重範先生著の「早稲田実業　躍進の秘訣」（朝日新書）も参考になります。ただ、渡邊先生の時代とは今の早実は校風が異なってきています。そういう変化も含めて、学校の方針がよくわかるようになると思います。

Q5．学校説明会の会場では何をすべき？

A5．学校説明会の当日、会場ですべきことは、たくさんメモを取ることです。
　学校説明会に行ってメモをまったく取らない人というのはいないでしょう。しかし、おそらく想像なさっておられる以上にたくさんのメモを取ることが必要です。たいていの人は、会場で配布された封筒の余白や、印刷物の裏面などにメモを取る程度でしょうが、それでは量として足りません。
　では、どのくらいメモを取るのか？　サラリーマンの人であれば、最低でも「会議の詳しい議事録をつくる程度」と言えばいいでしょうか。説明会のお話の内容について、すべての内容につき要点を記し、必要に応じて、言い回しをそのまま書き留めるくらいのメモをとる必要があります。
　ですので、ノート（あるいは、メモ帳）の持参は必須です。また、筆記具は、できれば２色ボールペンがお勧めです。重要なところをマーキングできますので。さらに、予備で、もう１本お持ちいただくことをお勧めします。
　そして、大事なことは、ご夫婦（あるいは、保護者一人と祖父母さまとご参加の場合は、その両方）が同じようにメモを取ることです。亭主関白な家庭では、「お前がメモを取れ。俺は話を聞く」というお父さんもいらっしゃるかもしれませんが、それではいけません。お父さんも同じように一生懸命にメモをとる必要があります。
　私のアドバイスを真に受けると（笑）、ご夫婦で一生懸命メモを取りながら学校説明会でのお話を聞くことになります。すると、どういうことが起こるかと言えば、多くの場合は、始めの５分程度は、お二人とも意識して一生懸命メモを取るので、似たようなメモになりますが、それ以降は全然別物になるというのが典型です。途中からは、関心がある話題についてのメモはとるが、そうでもない話題についてはスルーしてメモを取らない。慣れてくると、説明会でのお話に対する自分の意見（賛否）もメモするようになるので、◎をつけたり、？をつけたりするようになります。その結果として、後で、ご夫婦のメモを見比べるとまったくの別物になっているというのが普通です。そして、こういう現象になることが重要なのです。
　このお二人の異なる内容のメモを元に、説明会の事後のプロセスに移ります。

Q6．学校説明会終了後に何をすべき？

A6．ご自宅に戻ってから、ぜひ、<u>お二人のメモを見比べてください。</u>

　すると、自然と議論が始まりまるはずです。お父さんがメモを取っていた項目について、お母さんがメモを取っていないと、「どうしてお前はこの話についてメモを取っていないんだ」となります。また、二人ともメモを取っていた項目で、お母さんが、話を聞いて素晴らしいと思い、「◎」をつけていたことについて、お父さんが「？」をつけていると、「あなたは、どうしてこれをいいと思ってないの？」ということになります。

　当然と言えば、当然なのですが、別々の環境で育った大人二人が、子供の教育について同じような考えである保証はありません。それどころか、まったく違うケースも珍しくありません。

　夫婦で、一つ屋根の下で生活していて、お互いのことはわかっているつもりでも、実際は、お互いの考えをまったく知らないというのが普通です。とりわけ、わが子の教育については、夫婦で面と向かって話す機会がなく過ごしてきたというご夫婦がほとんどでしょう。

　<u>夫婦で学校説明会に参加し、それぞれが一生懸命にメモを取る。そして、そのメモを見比べる。そうすることで、おそらく初めて本格的に子供の教育について話し合う機会が生じることでしょう。</u>

　<u>その過程を通じて、夫婦のコンセンサスとしての「わが子の教育方針」が浮き彫りになってきます。何校かの学校説明会の後に、この議論を重ねると、「わが家が小学校に望むこととは何か」をはっきりと意識することができるようになります。「どの小学校を志望するのか」、「どうしてその学校を志望するのか」ということを明確に自覚できるようになります。</u>

　<u>そういうプロセスを得ておくと、のちのち願書を書くときに、スムーズに書くことができます。</u>

　シングルマザーの場合は、おじいちゃんなり、おばあちゃんと一緒に（あるいは、友人と一緒に）学校説明会に参加し、メモを取り、議論すると同じようなことが起こります。自分が望む小学校とはどういうものなのかが、よくわかるようになるでしょう。

Q7．学校説明会の後に「お礼状」は出すべき？

A7．一部の女子校の受験生の間では、説明会の後に「お礼状」を出すのが慣例化しています。そういう学校の場合は出す方がよいかもしれません。ただ、内容がよくないと逆効果になるので、出す前にお教室の先生に見て頂くほうがいいでしょう。ちなみに、封筒や便箋は「鳩居堂」と相場が決まっています。内容が校長先生の心の琴線に触れると、お返事が来ることがありますが、非常にまれです。

　<u>ほとんどの学校では「お礼状」は不要です。</u>出したところで試験で有利になるということはありません。

Q8．学校説明会に行くときの服装は？

A7．<u>学校説明会に行くときの服装は「お受験準拠」</u>です。つまり、基本的には試験当日と同じ服装です。

　母親の服装については、一部の幼稚園では、以前に「紺色の服はやめてください。お子さんたちが緊張するので」と言っていたのですが、基本的には、紺色の「お受験服」です。ただ、学校説明会は暑いシーズンに実施されるので、多くのお母さんたちは、紺のワンピースを着て行きます。１１月（あるいは１０月の）試験本番ではそれに上着を着る、いわゆるアンサンブルスーツというのが一般的です。

　父親は、紺・無地のシングルスーツ、白無地のワイシャツに、派手すぎないネクタイです。子どもがお受験するような年齢のお父さんは、紺・無地のシングルスーツは持っていない（あるいは、太って着られない）場合がほとんどなので、新調するほかありません。

　お子さんを連れていける説明会の場合の子どもの服装は、とりわけ女子は紺色でなくても構いません（試験では、紺一色でないほうが合格率が高い）。

　具体的にどの服がよいのかわからないときは、お教室の先生に相談してください。あるいは、東急百貨店本店（渋谷）のように小学校受験をサポートすることを打ち出しているデパートでは、「お受験服」のリーフレットなどの用意がありますので参考になります。

　「なぜ小学校受験の保護者の紺色の服でなければいけないのか？」については、紙面の関係でここでは述べませんが、明確な理由があります。

第 2 章

合格するための願書の書き方

Q９．そのそも、願書は大切なのか？

Ａ９．願書は大切です。

　入学試験に保護者面接がある学校では、願書は面接資料になっています。面接での質問は、誰にでも聞く共通の質問以外は、願書に基づいて聞かれることになります。そういう意味では、願書は面接の内容を左右しますので、非常に大事です。

　慶應幼稚舎や慶應横浜初等部のように、受験者が千人を超える学校では、おそらく、出願時点で、全員の願書に目を通すことはしていないと思います。横浜初等部の場合は、１次試験（足切りペーパー）に合格した志願者の願書に目を通しているのではないかと推察します。ただ、形式要件を満たしていない場合は、不合格にしていると思われます（詳しくは下のＱ１０）。幼稚舎でも、志願者の試験の点数で２００人程度に絞り込んだ時点で願書に目を通し、「このご家庭のお子さんはぜひ入学してほしい」とか「このご家庭は、やめとこう」などと評価しているのではないかと思います。

　早稲田実業は、以前、学校関係者に聞いたときには、教頭先生が全員分の願書に目を通し、かつ、試験のグループ分けができた段階で、担当試験官が担当するグループの子供たちの願書を読み合わせをするということでした。そこで、「このご家庭のお子さんはよく見てみたいね」という具合に「注目選手」を決めるということでした。

　倍率の高い学校の試験では、「埋もれた時点で落ちる」でしょうから、そういう意味では、早稲田実業のように、試験に先立って願書に目を通してもらえる学校の場合は、親の頑張り次第で、子供の頑張りを目立たせることができます。願書は、合否に関わる重要なものであることがわかります。

Ｑ１０．願書を書くにあたって気をつけるべき点は？

Ａ１０．願書を書くにあたって、気をつけるべきことは、
① 願書は２部購入する。
② 文案を作り込む（これが一番大事）。
③ 丁寧に読みやすい、大きな字で書く。
④ 形式的な要件は必ず満たす。

です。以下、順番に説明しましょう。

① 願書は２部購入する。

　これは書き損じたときのための予備を確保しておくということです。毎年のように、１０月はじめの願書締切間際になると、アンテナに通っていない受験生の人から、「願書が余っていたら分けて頂けませんか？」と電話があります。色々なお教室に軒並み電話しているのでしょう。そうならないように、２部購入です。一番の効果は、予備があるという安心感で一度目でうまくいくという点です。

② 文案を作り込む（これが一番大事）。

　「どういう願書を書くか」というのが最も大事なことです。ダメな願書の典型は、「願書の書き方」の類の本の文例をマネすることです。そういうものの多くは、美辞麗句が並んでいます。その美辞麗句の文例で、学校の教育方針などについて、受験校のパンフレットのキーワードと入れ替えた、いわゆる「キリハリ願書」を書く人が多いのですが、こういう願書はダメ願書の典型です。

　なぜなら、似た願書になり、読んでいる人の心を打たないからです。ある学校の校長先生は、「前の人の願書と、名前以外のところを入れ替えても変わらないような願書が多い。そういう願書では、志望する気持ちが伝わってこない」と言っていました。

　また、別のある学校の校長先生は、「そっくりな願書があれば、全部不合格にする」ということでした。他人の願書を真似て書くのは不正だからです。

　オリジナリティーのある願書を書くことが大切です。詳しくはＱ１５（Ｐ２１～）で説明します。

③ 丁寧に読みやすい、大きな字で書く。

　丁寧に書くのは読む人に対する礼儀です。細かい字で書くのもダメです。願書を読む先生がたの多くは老眼です。

④ 形式的な要件は必ず満たす。

　たとえば、慶応横浜初等部の願書（２０１９年度。それ以前も）では、入学志願書でも、整理票でも、「都道府県は省いて記入」するように指示があります。また、整理表での住所記入については、さらに「例示のように簡略に記入」という指示があります。たとえば、「神宮前一丁目１７番５号」と書かずに、「神宮前１の１７の５」と記入する旨の例示がされています。そういうものに沿わない場合は、それが理由で不合格になっている可能性があります。

Ｑ１１．お教室の先生からは、「願書は小さな字でびっちり書くべき。そうでないと熱意が伝わらない」と指導されたのですが…。

Ａ１１．<u>「小さい字でびっちり書く」</u>というのは、「ストーカー的熱意」で、相手のことを考えた熱意ではありません。

　先も言いましたが、願書を読む立場の人の多くは老眼で、細かい字を読むのが得意ではありません。さらに言えば、読む側は、限られた時間で、何百通と読むので疲れます。ある学校の校長先生は「願書を読むために、徹夜近くなることもある」とおっしゃっていました。疲労困憊していて眼精疲労になっているような状態の先生方に、「小さな字で書かないと熱意が伝わらない」というのは、まさにストーカー的な熱意で、ハタ迷惑な話です。

　小学校の先生方がたくさんの願書を読むのが大変であることを示すエピソードとして、「<u>願書の記入欄から、ちょっとでもハミ出していたら、その時点で読むのを止めて不合格にします</u>」とおっしゃっていた校長先生もいました。

　「欄外にも書かないと熱意が伝わらない」とか「別紙を同封すべき」などと指導するお教室の先生もいらっしゃると聞いて驚きますが、言うまでもなく、そんなことをしたら、即刻、その時点で不合格決定ということがわかります。

　また、お教室の先生によっては、「慶応幼稚舎の願書は、細かい字で〇〇字で書く」と字数指定までするかたもいらっしゃると聞きます。往々にして、そういう指導をする先生は、押しが強く、自分の主張を通す（相手の意見に耳を傾けない）お人柄の場合が多いように思います。実際に願書を読む小学校の校長先生方に「どんな願書を望むのか？」についてリサーチせずに、自分の思い込み的な意見を述べているだけなのだと思います。

　小学校の先生方にとっては、自分本位の熱意を押し付けてくる自分勝手な保護者は迷惑な存在だと思います。そんなご家庭が入学してくると思うと、ゾッとするのではないでしょうか。<u>学校は集団生活、団体生活、社会生活を営む場</u>ですから、一人一人の保護者が自分の熱意をバラバラに語られては、学校生活が成り立ちません。<u>願書は、読みやすい大きな字で書く</u>というのが基本です。そういう書き方によって、逆に、自分たちが、学校の方針を尊重し、先生方の立場を慮る、学校にふさわしい保護者だとアピールできます。

Ｑ１２．では、何字で書くべきなのでしょうか？　あるいは、読みやすい、大きな字というのはどの程度の大きさですか？

Ａ１２．結論から言えば、人によって、願書の最適な字数は異なります。願書の文案を作成するにあたっては、願書を書く人の最大字数（ＭＡＸ字数）を数えることからはじめます。

　具体的には、まず、願書をコピーして、はじめの２行程度でいいですが、自分なりに読みやすい大きな字を書いたときに１行に何字書けたかを数えます。それが１行文字数になります。「１行文字数×行数」がＭＡＸ字数になります。

　たとえば、慶応幼稚舎の２０１９年度の願書（入学志願書）の裏面の上側の「自由記入欄」の行数は２３行ありました。アンテナ・プレスクールで願書添削をした人の文案では、１行文字数は一番少ない人で１行２４字、一番多い人で１行３８字、多くの人は１行２６字～３３字でした。ですので、慶応幼稚舎の自由記入欄のＭＡＸ字数の目安は、６００字（１行字数２６字）から７６０字（１行字数３３字）というのが標準的な字数ということになります。

Ｑ１３．願書の文案作成の手順は？

Ａ１３．願書の文案をつくるときの、お勧めする標準的な手順は以下の通りです。
① 　ＭＡＸ字数を数える。
② 　文案をワープロなどでつくる（変更が容易で、字数が把握しやすいので。また、以下の③で添削を依頼するときに、添削者が添削しやすいから）。
③ 　お教室の先生に添削してもらう。
という手順です。ワープロ等で文案をつくるのがコツです。また、時間に余裕を持って取り掛かることが重要です。多くの人は平均４～５校に願書を提出します。また、願書添削のやりとりにも時間がかかります。ですので、９月に今年度の願書が頒布されたら、すぐに１校目の願書文案作成にとりかかるのが重要です。実際には、昨年度の願書で夏休みに文案作成を開始する人もいるくらいです。

Q14．願書の内容はどんなことを書くべきなのか？

A14．最も重要なことは、「願書の中身」です。

　まず、学校側から（事実上の）指定がある場合は、それに従ってください。たとえば、慶応幼稚舎の「自由記入欄」の場合は、「本校を志望した理由、志願者の様子、家庭の方針等」と具体的に示されています。横浜初等部の「志望理由」の場合は、「志願者の様子や家庭の方針に言及しながら書いてください」という指示があります。

　その中でも、最大のポイントは「志望理由」ですが、気を付けるべきなのは抽象的な美辞麗句で書かないということです。ある小学校の校長先生は、「仕事だから、つまらない願書でも最後まで読むが、非常に苦痛だ。志望理由にオリジナリティーがあり、具体的に書いてある願書はあっという間に読めてしまう。そういう願書が望ましい。親の作文力が問われる」と言っておられました。

　具体的に書くというのが最も重要なことですが、そのためには、Q6（P13）で述べましたが、まずは「わが家の教育方針」について明確に自覚する必要があります。その結果として「わが家が小学校に望むことは何か」を導きだし、その小学校がどんな小学校であるのかを理解したうえで、「だから、この学校を志望する」という具合に考える必要があります。つまり、基本的には、大きな枠組みとしては、三段論法的に書くというのが典型的な書き方です。

　三段論法は、大前提・小前提・結論という３つのステップで結論を導き出す方法です。有名なのは、

　　　　　　　大前提：全ての人間は死ぬ。
　　　　　　　小前提：ソクラテスは人間である。
　　　　　　　結論　：ゆえにソクラテスは死ぬ。

というものです。願書で言えば、

　　　　　　　大前提：わが家の教育方針はＡであり、子供はこうである。
　　　　　　　小前提：御校の教育方針はＡ'である。
　　　　　　　結論：ゆえに私どもは御校を志望する。

という感じになります。ただし、何度も言いますが、重要なのは、そこに具体性があるか、そのご家庭ならではのオリジナリティーがあるかという点です。

> Q15．オリジナリティーがある願書というのは、どうやって書くのか？　面接のある学校とない学校で書き方は違うのか？

A15．一例を挙げます。早稲田実業志望のご家庭がいらっしゃいました。お父さんが早実の中学からの出身で、早実で学んだ「去華就実」が人生の財産になっているというようなことを願書文案に書いていました。ただ、具体的なことが書かれていなかったため読んでいてピンときませんでした。「具体的には、去華就実のどういったところがよかったのですか？　エピソードはありますか？」と聞くと、「特に思いつかない」という返事でした。そこで、「実際に願書に書くかどうかは別として、本音では、どうして息子さんに早実を受けさせたいのですか？」と聞くと、「私が早実が大好きだからです。好きなアルファベットを聞かれるとWですし、好きな色はエンジ色なんです。あの学校のすべてが大好きなんです」と言うので、「それをそのまま書くといいですよ」とアドバイスしました。「そんなこと書いてもいいのですか？」と心配そうに聞くので、「早稲田実業は、将来の早稲田の中核を担う人材を育てたい、早稲田を大好きな人に受けてほしいと学校説明会で明言していますから、問題ありません」と回答しました。そして、そのようなことを願書に書く人はいないので、読む人は思わず引き込まれてしまうことでしょう。そのくらい、<u>思い切って、本音で書いていい</u>のです。あとでお教室の先生が添削しますから、「行き過ぎ」があれば是正されます。心配ご無用です。

　具体性を高めるためにエピソードを入れるのはいいことです。が、願書添削をしていて思うのは、エピソードのカブリが多いことです。<u>「富士登山」や「自転車」は典型</u>です。あるお教室が「富士登山」をエピソードとして書かせるために、夏期講習で富士登山（一部）をさせたことが話題になり広がった結果のようですが、まったく逆効果です。<u>読んでいるほうは「またか」と思い、願書全体が「マネ」「偽物」という印象を持ってしまいます</u>。表現においても、よくある表現は逆効果です。<u>「できれば自分が通いたかった小学校」</u>というのも、非常に多くの人が書く表現です。

　また、<u>保護者面接がある学校、ない学校で書き方が変わります</u>。面接がある学校では、面接で質問されたいことをあえて願書で抽象的に書くと、「具体的には、どういうことですか？」と聞かれることになります。ばっちりと答えらる自信があるのであれば、そのような「罠」を仕掛けておくのも手です。

Q16．願書は誰が書くべきか？　父親か？　母親か？

A16．願書は「保護者」が書くのは大前提です。以前、筆耕さんに書いてもらったという人がいて驚きました。たとえば、慶應幼稚舎の場合、「記入者指名（自署）」という欄があります。もし、その欄に筆耕さんの名前を書けば嘘にはなりませんが、願書の清書を外注するというご家庭の姿勢に疑問を持たれるおそれがあります。ですので、保護者が書いてください。

では、清書するのはお父さんがよいのか、お母さんがよいのか、という論点ですが、結論から言えば、「願書は、字がきれいなほうが書く」ということでOKです。

「父親も母親も字の上手さ（下手さ）はあまり変わらない場合は、どうしたらよいですか？」という質問を受けることがあります。

その場合は、お父さんがお書きになることをお勧めします。

なぜなら、父親の教育熱心さをアピールできるからです。多くのご家庭ではお母さんは「お受験」に熱心ですが、お父さんの関心度・熱心さはまちまちです。お父さん主導で進めるような熱心なかたもいれば、最低限のことしかしないというお父さんもいらっしゃいます。学校としては、家族全体が教育熱心で、学校の教育方針に賛同してもらっているほうがいいに決まっていますので、そういう意味では、どちらもいいのであれば父親が書くべきです。

Q17．清書で失敗しないコツは？

A17．まずは、願書をコピーし、そのコピーに最終文案を清書同様に丁寧に時間をかけて書くことです。そして、清書のときは、その下書きを書き写すつもりで書きます。そうすると失敗することはあまりありません。

コピーに下書きを書くという行為は多くの人がやりますが、「どうせ下書きだから」と適当に書くのが相場です。そうすると、何が起こるか。清書が、下書きに比べ、字の大きさが微妙に違うので、行の最後に1字文の空欄が生じてしまい、次の行の最初の文字を書いてしまいます。その後の数行は気を付けて書くのですが、その後に、下書き通りに書いてしまい、文字がダブってしまうとなりがちです。

あるいは、その逆に、最後の1文字が入らなくなってしまい、次の行に書くと、その後の数行は気を付けているので大丈夫なのですが、1字抜かして清書してしまうということです。
　具体的には、以下のような例です（文案は例です）。

---

①下書きの最後の1字が入らずに次の行に書くことに…

＜下書き＞
息子から、どうして兄弟がいないのか質問された事があり、咄嗟の質問に対し、
明快な返答ができずに困ったことがあります。貴校は、「6年間担任持ち上がり制」を導入しており、6年間クラス替えを行わず、担当の方が児童一人一人を深く理解していただき、児童同士も長い時間を共有する事で、真の信頼関係…

＜清書＞
息子から、どうして兄弟がいないのか質問された事があり、咄嗟の質問に対
し、明快な返答ができずに困ったことがあります。貴校は、「6年間担任持ち上がり制」を導入しており、6年間クラス替えを行わず、担当の方が児童一人一人を深く解していただき、児童同士も長い時間を共有する事で、真の信頼関係…

②次の2行は気をつけて書いたので間違えなかったが…

③3行目は下書きの通りに書き写してしまい、「理」の1字を書き忘れた。

　「急がば回れ」で、下書きを丁寧に時間をかけて書くというのが、清書を一発で決めるコツです。
　また、清書で失敗しないコツ（その2）は、集中力のあるときに清書するということです。夜中遅くなってから清書をすると、注意散漫で失敗してしまいます。ですので、午前中など、ご自身が集中できるときに清書することも大切です。

> Q１８．慶応幼稚舎、横浜初等部の願書の後半（いわゆる第２問）の「福翁自伝」についてのところは、どこに気を付けるべきか？

A１８．まず、Q４でも書きましたが、まずは早いうちに「福翁自伝」を読むことです。本を１年に１冊も読まない（本を読むことができない）保護者の場合は、最初は、漫画から入ることをお勧めしています。「学問のすすめ」（まんがで読破！シリーズ。イーストプレス）は、タイトルは「学問のすすめ」ですが、内容は「福翁自伝」です。本を読む習慣のない人は、この漫画で話のアウトラインをつかむことをお勧めします。普通の本で最も読みやすい「福翁自伝」は、ちくま新書「現代語訳　福翁自伝」（斎藤孝翻訳）です。「福翁自伝」は多くの出版社から多くの種類が出版されています。中でも、この本は読みやすさで抜群です。ただ、この本は、「福翁自伝」の一部だけを紹介してあり、多くの人が読む本なので、この本をもとに書くとエピソードが他の受験者とカブる可能性が高くなります。ですので、幼稚舎あるいは横浜初等部を第一志望の方は、このちくま新書に載っていないエピソードを書くことをお勧めします。

　手抜きをする人は、「福翁自伝」を読まずに、学校説明会で配布される説明資料やウィキペディアで願書を書く人がいます。「気品の泉源、智徳の模範」「獣身人心」「独立自尊」などをキーワードに入れる例です。この「第２問」が出題されている趣旨は、保護者に福翁自伝を読んで、慶應義塾について、福澤諭吉の教育理念について知ってほしいということですから、「『福翁自伝』を読みました！」というアピールをさりげなく入れるのは必要です。

　この「第２問」の字数ですが、行数が１１行ですので、読みやすい大きな字で書くと、多くの人は３３０字から３６０字で書くことになります。一番少ない人は２６０字、一番多い人で４２０字でした。ご自身のMAX字数をまず数えてから、文案作成に臨んでください。

　以前の横浜初等部の説明会（2015年実施）で当時の主事（近藤先生。横浜初等部・生みの親）が説明しておられましたが、「獣身人心」のことを、「獣心人身」「獣心人心」「獣身人身」と書く人がいるとおっしゃっておりました。意味を考えれば間違えるはずないのですが、何も考えていない親がいるということです。

Ｑ１９．願書書きで徹夜になりそうです…

Ａ１９．ほとんどの保護者の方が、願書を書くシーズンになると徹夜をします。例年、シルバーウィークの時期は目を真っ赤にした年長さんの保護者が大勢います。「計画的に取り組めないダメな親」などと自己嫌悪に陥る必要はまったくありません。もちろん、中には、９月のはじめから、毎週１校の願書を仕上げ、通常通りの生活で４～５校の願書を書く人もいますが、１０人に一人もいません。

　ただ、徹夜はお勧めはできません。さきほども述べましたが、集中力が下がり清書も失敗するし、文案作成でも効率が下がります。ここ数年で願書の形式が変わっていない学校の分は、夏休みくらいから文案作成してもよいと思います。

Ｑ２０．願書を書く筆記具は万年筆ですか？

Ａ２０．ほとんどの人には、万年筆は勧めません。普段から使い慣れている人でないと、読みやすい字を書けないと思います。

　多くの人には、０．７ミリの黒色の水性ボールペンをお勧めしています。０．７ミリ程度の細字のほうが、書きあがりが綺麗に見えると思います。

　油性ボールペンは、ダマになりやすく、それが書いている途中にこすれて、願書が汚れますので、お勧めしません。

　文房具屋さんに行くと、０．７ミリの黒の水性ボールペンと言っても、たくさんありますから、書き比べてみて自分で書きやすいものを２本買ってください。

Ｑ２１．願書添削を受けるときの注意点は？

Ａ２１．最大のポイントは、直されすぎないことです。類似の願書は両方とも不正とみなされ、不合格になるおそれがあります。最初から徹底的に添削されると、その先生が添削するすべての願書が似てくる可能性があり危険です。アンテナ・プレスクールでは、最初は「ダメ出し」をして、ご本人に直して頂いたうえで、最後に文章を整える方法で添削をしているので、安全です。

第3章

願書添削の具体例

この章では、
・慶応幼稚舎・自由記入欄
・横浜初等部・志願理由
・福翁自伝について（幼稚舎・横浜）
・早稲田実業・志願理由
　の４つについて
　具体的な文例を見る

慶応幼稚舎　自由記入欄（１）
「自由記入欄（本校を志望した理由、志願者の様子、家庭の方針等）」
Ａさんの場合

願書案に対するコメント

わが子は「日本の妖怪」が大好きで、妖怪の絵本を読んだり、絵を描いたり、妖怪について私どもに説明したりするときの熱心さには驚かされます。大好きなものの種類はともかくとして、わが子には、自分で大好きなことを見つけることができ、熱中できるよう育って欲しいと願っております。

> 具体的な例も入れてください。一番好きな妖怪は何か、なぜ妖怪が好きなのか等、お書きください

つぎに私どもは、わが子には、自分自身を客観的に観ることができるよう成長して欲しいと願っております。そうなってこそ自分自身を成長させることができると信じているからです。もとは献身だった自分がどれだけ成長できたか自覚でき、みずから研鑽を積み重ねる意欲も増倍すると思います。貴校で貴校独自の教育理念のもと、自分を知り、お互いの違いを認め、助け合えるよう指導して頂くのが子どもにとって理想の教育環境と思っております。

> この段落は、第一段落の続きに位置するほうが話がつながります。

さらに、先日開催された学校説明会では、「人間はひとりひとりがオリジナリティーに富んだ存在で、違う能力を持つのだから、それらを磨いて行けばその道で開花できる」趣旨のお話を拝聴しました。ペーパー・テストの結果ではなく、子どもの未知の能力の発見・開拓・増進に情熱を注ぐ貴校独自の教育理念を強調されたのだと思います。わが子が人生早期より、その道の専門家から愛情を注いで頂き、未知の能力を発見して頂き、開拓して頂き、増進させて頂ければ親として大変幸甚に存じます。

最後に、貴校の教育環境のよさ、貴校に参集する学童および家庭のよさ、貴校近辺の環境のよさ、等を併せ考え、志願させて頂く決心を致しました。　　　　　（６３０字）

> 教育の良し悪しを決める最大のポイントは教師の質です。周辺環境の良さや児童のご家庭の良さなどについて、最後に書くと、「このご家庭は何をもって教育を評価しているのか」と心配になります。
>
> また、全体のトーンとして、「上から目線」的な印象を受けるので、表現を工夫してください。

添削後

　わが子は「日本の妖怪」が大好きです。妖怪の絵本を読んだり、絵を描いたりする時の熱心さには驚かされます。なかでも「ろくろ首」と「からかさお化け」が好きで、理由を聞くと「脅かすだけで人を襲わないから」だとのこと。好きなものの種類はともかくとして、わが子には、まずは自分で大好きなことを見つけ、熱中できるよう育って欲しいと願っております。なぜなら、特に男の子は、好きなことを通じて様々なことを学ぶと思うからです。

　貴校の学校説明会でお聞きした、舎長先生の「人間はひとりひとりがオリジナリティーに富んだ存在で、違う能力を持つのだから、それらを磨いて行けばその道で開花できる」という趣旨のお話、「何か一つ好きなことをみつけてほしい」というお言葉に、私どもは強く共感しました。

　有栖川公園や古い寺社の多い地域に囲まれ、また、子どもたちがわくわくする博物館のような整った教育環境の下、貴校の先生方にわが子をご指導頂ければ、親として大変幸甚に存じます。

　また、私どもは、わが子には、自分自身を客観的に観ることができるよう成長して欲しいと思っております。自分自身を客観的に観ることができれば、もとは獣身だけだった自分がどれだけ成長できたか自覚でき、みずから研鑽を積み重ねる意欲も増倍すると思うからです。貴校で、素晴らしい教育理念のもと、自分を知り、お互いの違いを認め、助け合えるよう指導して頂くのが子どもにとって理想の教育環境と思っております。　　　　　　　（６１２字）

慶応幼稚舎・自由記入欄

慶応幼稚舎　自由記入欄（２）
「自由記入欄（本校を志望した理由、志願者の様子、家庭の方針等）」
Ｂさんの場合

> 書きだしは１文字分空けて書いてください。改行時も同じです。

願書案に対するコメント

　私共が子育てをする上で<u>最も大切にしていることは、自律と自立</u>です。
　人間性を高めそして自らの頭で考え行動し、人生を切り開いていく人間になって欲しいと願っています。御校における個性を尊重し、感性を大切にし、本物に触れる教育方針は<u>私共の考えと一致しております</u>。また御校の６年間を一人の担任の先生が受け持つという方針は、真の友情を育み素晴らしい人間性をつくる基礎となり、受験用でない本物の学力を身につけることにつながります。まさに「徳は智に依り智は徳に依り」の実践と考えます。私自身も高校から７年間慶應義塾に学び、慶應義塾の考えが本物であることを体感しています。親が子供に残せる最大の財産、それは教育であると考えます。そのために是非とも我が子に最高の環境で学ぶチャンスを提供したく、それがまさに御校であると確信しております。それが御校を志望する最大の理由です。
　　　　　　　　　　　　　　　　　（３７５字）

「最も大切にしていることは、自律と自立です」という書き出し部分と、次の段落の「御校における個性を尊重し、感性を大切にし、本物に触れる教育方針は私共の考えと一致している」とのつながりが、よくわかりません。

> そもそも３７５字というのは極端に字数が少ないです。字を大きく書いたにしても、最低５５０字くらいは必要です。記入欄がスカスカだと、熱意が感じられません。記入内容として例示されているうち、「志願者の様子」に関する記述がありませんので、それを付け加えてください。

添削後

　私共が子育てをする上で最も大切にしていることは、自律と自立です。自分自身を律し、自らの頭で考え行動し、人生を切り開いていく人間になって欲しいと願っているからです。御舎の教育理念である「独立自尊」の現代的意義は、自ら問題を探し出し、自らその問題を解決していく、そして、そのための知力、体力、見識を身につけていくことだと理解していますが、それはまさに私共の教育方針と一致していると考えます。

　息子は明朗な兄の影響もあってか、幼少の頃から明るく、幼稚園では「兄貴的存在」で、息子の周りには常に友達が集まってきます。また、好奇心も旺盛で、何事も興味を持って取り組んでいます。最近は、私の趣味に感化され、魚釣りに凝っています。どうやったら魚がよく釣れるかを、子どもながらに試行錯誤しているようです。

　息子がもし小学生時代を御舎で過ごすことができれば、6年間担任持ち上がり制を通じて真の恩師を得、友情を育み、素晴らしい人間性を培う基礎となると思います。そして、それは、受験用でない本物の学力を身につけることにつながると考えております。まさに「徳は智に依り智は徳に依り」の実践です。私自身も高校から7年間慶應義塾に学び、慶應義塾の考えが本物であることを体感しています。

　親が子供に残せる最大の財産、それは教育であると考えます。そのために是非とも我が子に最高の環境で学ぶチャンスを提供したく、それがまさに御舎であると確信しております。それが御舎を志望する理由です。　　　　（622字）

慶応幼稚舎　自由記入欄（３）
「自由記入欄（本校を志望した理由、志願者の様子、家庭の方針等）」
Ｃさんの場合

　我が家の教育方針は、「運動も勉強も継続して頑張り、メリハリの一日を過ごす。」です。わが娘は、現在インターナショナルスクールと新体操を軸に、活発に生活をしております。インターナショナルスクールでは、様々な人種の方々と英語で会話をし、少しずつ共同生活やグローバルな感覚を身についています。新体操では、送り迎えに父親との会話を楽しみにし、コーチから指導を受け、黙々と練習にしています。演技では、元来の慎重な性格からか、他の選手を見て、演技を確認することがあり、ワンテンポ遅れる傾向がありました。しかし、自宅での毎日の練習から自信をつけ、解消しつつあります。両親は、頑張る娘の姿を見て、家事の分担やスポーツを行い、お手本になれるよう日々を過ごしています。
　私共は、学校説明会に参加させて頂き、大島舎長からご説明のあった福沢諭吉先生のお考えを基本とした御校独自の教育方針を伺い、知的好奇心を刺激する教室や学校行事の数々を拝見いたしました。さらに、大島舎長からご紹介のあったジャン・ジャック・ルソーを調べ、著者エミールにあたり、学校および家庭での両面での教育が重要と認識するいい機会になりました。
　また、私自身は、貴舎から大学まで卒業された同僚と新規ビジネスと立ち上げの際に、慶應義塾の卒業生から様々な方を紹介していただき、また応援して頂き、皆様のおかげでビジネスが軌道に乗りまし。その際、慶應義塾のネットワークの強さに体感しました。また、貴舎から大学まで卒業された女性の同僚と娘の新体操など中心に話をしていた際に、わが娘の運動好きで活発な様子を感じたからか、貴舎での学校生活を色々と教えてくださり、貴舎を強く勧めていただいたことなどで、娘の貴舎への入学を強く志望することになりました。
　わが娘には、貴舎から始まる大学までのかけがえのない大切な期間を、先生方また友人と過ごし、卒業後も一翼を担える子になってほしいと切望しております。（８０７字）

願書案に対するコメント

カッコ書きの中の句点（。）は不要です。

字数が多い中、わざわざ否定的なことを書く必要がありません。

改行時は一字下げます。

ルソーのことを書くのは良いです。大島舎長になって、加藤舎長時代と説明会でのお話で明らかに異なる、数少ない内容です。

字数が８０７字は多すぎて、かなり字が小さくなります。読みずらくなるので、あと最低５０文字は削ってください。

添削後

　貴舎ご出身の同僚と社内で新規事業を立ち上げた時、ご同窓の様々な方から、多面にわたり応援して頂きました。慶應義塾の「社中協力」の強さを実感した瞬間でした。さらに、娘が、貴舎ご卒業の女性の同僚とお話しさせて頂いた際に、わが娘が活発と感じたのか、貴舎での学校生活を色々と教えて下さり、貴舎を強く勧めて頂いたことが、娘を貴舎への入学を強く志望するきっかけとなりました。

　幼少から外国語を学ばせたいと思う私共の意向で、娘はインターナショナルスクールに進学しております。英語取得は時期尚早かとの不安はありましたが、先生のご指導や持前の活発さから、楽しい学校生活を過ごしているようです。また、娘自らが興味を持った新体操では、コーチから指導を受け、楽しそうに通っております。

　学校説明会に参加させて頂いた際、大島舎長からお話し頂いた福澤先生のお考えを基本とした貴舎独自の教育方針や、武田主事先生による学校行事のご案内をお伺いし、また校内見学で知的好奇心を刺激する教室を拝見し、娘の入学を強く希望する確信に至りました。また、大島舎長からご紹介のあったジャン・ジャック・ルソーの著書エミールを拝読しましたところ、福澤先生のお言葉同様に、学校と家庭での両面での教育が重要であると再認識することができました。

　わが娘には、貴舎から始まる大学までのかけがえのない大切な期間を先生方また友人と過ごし、卒業後は慶応義塾の一翼を積極的に担える子になってほしいと切望し、志願いたします。　　　　　　　　　　　　　　　（６２３字）

慶応幼稚舎　自由記入欄（４）
「自由記入欄（本校を志望した理由、志願者の様子、家庭の方針等）」
Ｄさんの場合

　我が家では、心身の健康と礼儀を大切に、思いやりと感謝の心を忘れず自分に正直であることを教育方針にしております。「自分に正直であること」とは、自由をはき違えず己に課せられた使命や自ら定めた目標に向かって実直に努力することと考えております。

　幸い娘は食べ物の好き嫌いがほぼなく健康で、この５年間徒歩と電車で毎日元気に通園しております。明るく穏やかな性格で、小さい頃から何事にも一生懸命取り組み、できないことでもいつの間にかできるようになって親を驚かせることもございます。保育園の劇、ダンスの発表会では、毎日家で練習し、お友達の台詞や役割までも覚えて園では分からないお友達に率先して教えてあげていたと聞いております。頼られること、皆でやり遂げることに喜びと達成感を感じ、以前より自分に自信が持てるようになり、周囲への気配りができるようになってきたと思います。これまでは初めての環境で慎重になることが多かった娘ですが、この頃は見知らぬお友達に自ら話しかけるなど心が逞しく成長してきたと感じます。

　独立自尊を学びの柱として、思いやり、感謝の心を大事に、何事も誠心誠意行う精神を身に付ける教育方針、一人の担任がじっくりと長い目で見て下さり、豊かな人間関係を築ける環境に深い感銘を受けております。今後社会の多様な変化にも対応し、社会に貢献するためにも、他を尊重し自分を知り、何事にも柔軟に対応することが大事であると考え、貴塾での一貫教育が望ましいと思っております。人格を育む大切な幼少期に仲間と様々な体験をし、学ぶ楽しさを知ってもらいたいと願い入学を志願致します。

（６７４字）

願書案に対するコメント

一般的な「正直」の字義とはかなり違いますので、読んでいて違和感があります。

いわゆる「親バカ」願書です。「自分の子がすごい！」と自慢する親ほど、学校として面倒な親はいません。

慶応幼稚舎の説明会で「思いやり、感謝の心、誠心誠意」などという言葉は登場しません。上記の「正直」の内容からしても、某女子校向け願書文案の使いまわしだと思います。それでは、熱意がまったく伝わりません。全面的な再考が必要です。

| 添削後 |

　我が家では、心身の健康、礼儀、粘り強い努力の３つを教育方針にしております。なぜなら、その３つさえわが子に備われば、あとは、どんな方向に進もうと大丈夫だと考えているからです。
　娘は食べ物の好き嫌いがなく、なんでもよく食べます。この５年間、徒歩と電車で毎日元気に通園し、おかげさまで健康に育っております。明るく穏やかで、楽しく毎日を過ごしております。小さい頃からこつこつ取り組む性格のようで、できないことでもいつの間にかできるようになっていて、親を驚かせることもございます。園の縄跳び大会があると知ると、それに向けて毎日家で練習し、最初は２回しか跳べなかった縄跳びが２０回以上跳べるようになりました。今は後ろ跳びや走り跳びに挑戦しているところです。達成する喜びを覚えはじめたようで、以前より自分に自信が持てるようになってきた様子です。自信がついてきたこともあり、初めての環境では慎重になることが多かった娘ですが、最近では、初めて会うお友達にも自ら話しかけるなど、積極性が増してきたと感じてります。
　貴舎におかれましては、独立自尊を学びの柱とし、まずは健康に成長することを重視すること、興味のあることに対し一生懸命探求することを推奨する教育方針、一人の担任の先生がじっくりと長い目で見てくださる環境に深い感銘を受けております。
　今後の社会の多様な変化に対応し、社会に貢献するためにも、幼少期に一生の友と共に成長し、目標を持ち、それを自らの努力で達成する喜びを知ってもらいたいと願い、貴舎への入学を志願致します。　　　　　　　　（６４６字）

慶応幼稚舎　自由記入欄（5）
「自由記入欄(本校を志望した理由、志願者の様子、家庭の方針等)」
Ｅさんの場合

願書案に対するコメント

息子から、どうして兄弟がいないのか質問された事があり、咄嗟の質問に対し、明快な返答ができずに困ったことがあります。貴校は、「6年間担任持ち上がり制」を導入しており、6年間クラス替えを行わず、担当の方が児童一人一人を深く理解していただき、児童同士も長い時間を共有する事で、真の信頼関係を築く事が出来ることを学校説明会で伺いました。これは一人っ子の息子にとって、家族以外から親密な人間関係を形成できる環境だと思い、貴校への進学を強く希望するようになりました。

私共は、子育てするにあたって、本人の自主性を尊重し、本人が疑問、興味がある事に対し、努力を積み重ねる事で自信が持てるようになる事を重要視し、日々教えてきました。最近では、自宅で育てているミニトマトの鉢植えの下に、緑色の虫が隠れていた時、「あれはカナブンに似ているけど、茶色ではないね。調べてみよう。」と、自ら図鑑を開き、「カナブンは、茶色だけだと思っていたけど、緑色のカナブンもいるんだね。アオカナブンという名前なんだね。僕と一緒で暑いと日陰に入るんだね。」と、笑顔で話していました。一例ではございますが、様々な事に興味を持ち、疑問があれば調べたり、時には周囲の人に聞き、解決に向けてやり遂げようと努力する事の楽しさを身に付けてきました。

<u>貴校の「独立自尊」と「共生他尊」が共存する教育環境が、私共の教育方針と合致し、また、高い志しを持った仲間と切磋琢磨し、飛躍できる環境だと確信し、志願致しました。</u>
何卒、宜しくお願い申し上げます。　　　　　（641字）

文頭、改行時は一字下げが原則です。また、「カッコ書き」の最後は句点（。）は不要です。

途中までは、概ねよく書けていると思います。最後の段落は、キーワードと美辞麗句が並び、上滑りで空虚な印象を受けます。幼稚舎のお子さんたちが「志が高い」という印象はありません。最後の段落をご再考ください。

> 添削後

　息子から「どうして兄弟がいないの？」と質問され、咄嗟に明快な返答ができずに困ったことがあります。貴舎は「６年間担任持ち上がり制」を導入なさってており、担任の先生が児童一人一人を深く理解していただき、児童同士も長い時間を共有する事で、真の信頼関係を築く事が出来ることを学校説明会で伺いました。これは一人っ子の息子にとって、家族以外で親密な人間関係を形成できる素晴らしい環境だと思い、貴舎への進学を強く希望するようになりました。
　私共は、子育てにあたって、本人の自主性を尊重し、本人が疑問、興味を持つ事に対し、粘り強く取り組むように日々接してきました。最近、自宅で育てているミニトマトの鉢植えの下に、緑色の虫が隠れていた時のことです。「カナブンに似ているけど、茶色ではないね。調べてみよう」と、自ら図鑑を開き、「カナブンは、茶色だけだと思っていたけど、緑色のカナブンもいるんだね。アオカナブンという名前なんだ。僕と一緒で暑いと日陰に入るよ」と、笑顔で話していました。様々な事に興味を持ち、疑問があれば調べ、時には周囲の人に聞き、解決に向けてやり遂げようと努力する事の楽しさを身に付けてきたようです。
　貴舎の説明会の中で、舎長先生が、「自ら問題を探し出し、解決していく能動的な人、それらが人生を楽しめる人になってほしい。自らから勉強する意欲を育てていきたい」とおっしゃった教育理念に強く共感しております。６年間という月日を共に過ごす仲間と互いに切磋琢磨し、大きく成長できる環境であると考えし、志願致しました。何卒、宜しくお願い申し上げます。　　　　　　　　　　　　（６６４字）

慶応幼稚舎　自由記入欄（6）
「自由記入欄（本校を志望した理由、志願者の様子、家庭の方針等）」
Ｆさんの場合

　貴校を志望した理由は、福沢諭吉先生の「独立自尊」の教えが、娘の将来だけでなく、日本の将来を背負って立つリーダーに必要だからです。子供には目的意識を持って、積極的に取り組み、明るい未来を自ら描き、それを実現できる子に育ってほしいと思っています。そのためには、自分自身の基礎となる知識・教養をしっかりと身につける必要があり、段階を踏みながらチャレンジできる環境があることが子供の成長にとって好ましいと考えます。友達と学校生活を通して楽しく学べること、6年間で土台を築くためのサポートが整っており、本人の意欲に対してその成長を暖かく見守ってくださる貴校に通わせることが、娘のリーダーシップを育む上で最良と思い志望しました。

　娘の性格は、明るくひょうきんで、いつも友達の輪の中心にいます。世話好きで、年中小さんからも慕われています。最近では、自転車に乗ることが大好きです。補助輪を外すために自分で乗り方や練習方法を工夫し、失敗を繰り返しながら乗れるようになりました。次の目標は、家族で自転車に乗って7km先の公園まで遊びに行くことです。

　祖母から毎月送られてくる絵本を楽しみにしており、中でも「きつねのホイティ」が大好きです。バレエ、体操、英語教室に通っており、どれも熱心に取り組んでいます。弟がぐずると変な踊りをして笑わせ、泣きやませてくれます。

　我が家の教育方針は、「しっかりとした意見を持ち、堂々と発言できること」です。日頃から、一日の出来事で感じたことや何故そう思ったのか、子供の考えを言葉で引き出すようにしています。子供の発言を褒めたり、共感したり、時には反対意見をすることで、子供の考えや成長を確認するようにしています。相手の話に耳を傾ける大切さも教えています。

（728字）

願書案に対するコメント

幼稚舎に「知識・教養をしっかりと身につけるための段階的な環境がある」とご覧になっていますか？　だとしたら、具体的にはどういう点でしょうか。抽象的な表現なので、読んでいてぴんときません。

いゆわる「親バカ願書」になっています。

全体的なトーンも「上から目線」、読んでいて、「そんなにご家庭がご立派で、お子さんも、さぞご立派なんでしょうね。試験でお目にかかるのが楽しみです！」と、一種の反発を覚える願書です。

> 添削後

　志願者である娘は、身体を動かすことが好きです。幼稚園でもお友達と活発に遊んでいるようです。弟がぐずると変な踊りをして笑わせてくれます。最近は特に自転車に乗ることに凝っています。補助輪を外し、少しずつ遠出をしています。今の目標は、家族で自転車に乗って７キロ先の公園まで遊びに行くことです。また、祖母から毎月送られてくる絵本を楽しみにしております。中でも「きつねのホイティ」が大好きです。「ホイティ　トイティ　ホイティティ」という歌がお気に入りです。

　我が家の教育方針は、「自分の考えを堂々と言えるようになること」です。日頃から、一日の出来事、そこで感じたこと、何故そう思ったのかなど、家族で会話をしています。子どもらしい話を面白く聞いております。時には、娘の発言を褒めたり、共感したり、反対意見を伝えています。色々な見方、考え方がある中で、自分はどう思うのかを、子どもながらに考えてくれるといいなぁと思っています。

　貴舎を志望した最大の理由は、担任の先生とクラスメイトが６年間変わらないという安定した環境で、本人の成長を暖かく見守って頂けるところです。同時に、私共が、福澤先生の独立自尊のお考えに強く共感していることも志望の理由です。「自分で自分の身を支配し、他によりすがる心無きこと」。自分で考え、自分の足で立ち、自分で行動する。予測不能な変化が起こりえる、これからの時代を生きていくには、人に頼っていては翻弄されるだけです。自分で考え行動するための基礎を、貴舎での小学生時代に、時間をかけて養ってほしいと思います。　　　　　　　　　　　　（６５３字）

慶応幼稚舎　福翁自伝（１）
「お子さまを育てるにあたって『福翁自伝』を読んで感じるところをお書きください。」
Ｇさんの場合

　福澤諭吉先生の「独立独尊」「獣身を成して後に人心を養う」という思想に大変深く共感すると共に、この思想は教育のみならず、人生を生き抜いていくために大切な思想と考えます。信頼に値する人間になること。誰に対しても目線を合わせられる人間なること。お互いの違いを認め合える人間になること。結果として社会に貢献できる人間になること。この様な人生において大切なことを身につけるために、福澤先生の思想は必要不可欠であると考え大変共感を覚えております。　　　　　　　　　　　　（２１７字）

願書案に対するコメント

独立自尊・獣身人心はベタすぎるので、別なものがよいです。福翁自伝を読んだ証拠を見せる意味でも何かのエピソードか、言葉を引用してください。

　また、字数が足りません。最低でお260字は必要でしょう。

添削後

　福翁自伝を読んで、福澤諭吉先生の、何事においても情熱的に取り組む姿に、何よりも感銘を受けました。中でも、「枕をして寝たことがないので枕がみつからなかった」エピソードは強烈です。また、言行一致も明快です。明治政府に仕えるように勧められた際、「男子の出処進退はそれぞれの好む通りにするがよい」と返すあたり、すがすがしさすら感じます。子育てとは親の生き方を見せることだと思っています。子供が私共の望む人に育って欲しいならば、まず私共がそのような人間になることが大切です。私共が、情熱的に、かつ、言行一致を心がけ日々の生活を過ごすことで、子育てしていきたいと思います。　　（２８０字）

慶応幼稚舎 福翁自伝（２）
「お子さまを育てるにあたって『福翁自伝』を読んで感じるところをお書きください。」
Ｈさんの場合

私どもは、子供に対して然したる財産を残してやることが出来るかは分かりませんが、せめて、出来る限り最良の教育を授け、また様々な経験をさせたい。それが親の責務であると予々考えております。福翁自伝の中の「幸いにして金が出来れば教育してやる、出来なければ無学文盲のままにして打遣っておくと、私の心に決断」の一節で、福澤先生が、自らの進むべき道との選択で心を悩まされ、子供の行末を案じてその教育資金を確保すべきではないか、ということでした。親としての子供に対する最優先の責務は、良い教育を授けることであるいうことを改めて確認致しました。
（２６３字）

願書案に対するコメント

下線部の意味を正反対に解釈なさっておられるようです。福沢諭吉は、その引用部分の前のところで、「家に在る子は親の子に違いない。違いないが、衣食を授けて親の力相応の教育を授けて、ソレで沢山だ。如何あっても最良の教育を授けなければ親たる者の義務を果さないという理窟はない」、「親子だと言っても、親は親、子は子だ。その子のために節を屈して子に奉仕しなければならぬということはない。…今後もし…子が金のないために十分の教育を受けることが出来なければ、これはその子の運命だ」とまで言っています。

添削後

子供に対して然したる財産を残してやることが出来るかは分からないが、せめて、出来る限り最良の教育を授け、また様々な経験をさせたい。それが親の責務であると私どもは予々考えております。しかしながら、親が自分のことをそっちのけにし、子供の教育にのみ腐心するというのも、現実味がなく本末転倒ではないかとも考えております。福翁自伝の中の、「幸いにして金が出来れば教育してやる、出来なければ無学文盲のままにして打遣っておくと、私の心に決断し」たという一節もその趣旨だと思います。まず親が仕事をしっかりとする。それが家族を守り、子供の将来のために教育を授けてやるためにも必要である、ということを改めて確認致しました。
（３００字）

慶応幼稚舎　福翁自伝（３）
「お子さまを育てるにあたって『福翁自伝』を読んで感じるところをお書きください。」
Iさんの場合

福翁自伝中で福澤先生が大坂修業をされたことが書かれてありますが、私共は母と直談という内容に大変心を引かれております。

福澤先生の学びたいという心をお母様がお許しになり家を出ることが出来たわけですが、当時は大変勇気の要ることだったこととお察し致します。親として、子供が頑張りたいことはこのように信じて見守ってやりたいと思いました。福澤先生の子育ての基礎はご自分がお母様から受けられた無言の包容力に拠るものが大きかったと思います。

一家は習慣の学校なり、とのお考えは常に私共の胸の内にあり、子育てをする中で、福澤先生だったらどうお考えであろうか、と冷静に立ち止まることが出来ます。この心の拠り所こそが余裕を生み、子供と真に向き合うことを可能にして下さると強く気付かされました。　　　（３３４字）

願書案に対するコメント

第１段落と第２段落は「母と直談」の内容ですが、第３段落は「一家は習慣の学校なり」という別の内容になっています。どちらかに絞ってお書きください。両方だと内容が散漫になります。

添削後

「福翁自伝」の「母と直談」の内容に、私共は大変心を惹かれております。福澤先生の「学びたい」という心をお母様がお許しになり、先生は家を出ることができました。当時では、とりわけお母様には、大変勇気のいる決断だったとお察し致します。私共も、福澤先生のお母様のように、子供が頑張りたいことを見守りたいと思います。また、福澤先生の子育ての基礎は、ご自身がお母様から受けられた無償の包容力に拠るものが大きかったのではないかと思います。「我が子をどうしたいのか」ではなく「我が子がどうしたいのか」という考え方は、お母様から福澤先生へ、そして現代に至る門下生の皆様へしっかりと受け継がれ、「独立自尊」に繋がっているのだと思いました。私共は、常にこのお言葉を胸にしながら子育てをし、子と共に成長していきたいと思います。　　　（３５０字）

慶応幼稚舎　福翁自伝（４）
「お子さまを育てるにあたって『福翁自伝』を読んで感じるところをお書きください。」
Ｊさんの場合

願書案に対するコメント

　福翁自伝を読み直して感じたのは、時代や環境に流されず、洋書を翻訳し洋学を教えることにより、日本の文明を高めるという理想を実現した偉人でありながら、子の行く末を思い親として悩む気持ちは、私たちと全く変わらないということでした。私たち夫婦は富山県とカナダのトロントという全く異なる地域で育ちましたが、お互い子供のころから読書好きであり、主人は湯川秀樹の伝記に感動して理論物理を専攻し、私は翻訳家になりました。息子も物語や図鑑が大好きです。先生を見習い、親として本を通じて世界を広げ、子供がそこから得た知識をもとに自ら選び取る道を妨げることなく後押しし、愛情を持って育ててゆきたいと考えます。　　　　　　　　　（２９３字）

途中から読書の話になり、前半の内容とつながりません。前半と後半がつながるように書き換えてください

添削後

　福澤先生はあらゆる本を読み、洋書の翻訳を通じて、自らの世界を広げました。さらに、それを後進に教え、日本の文明を高めるという理想を実現されました。先生ご自身も多くの著書を世に送り出し、その人生は常に本と共にあったと存じます。私たち夫婦は富山県とカナダという異なる地域で育ちましたが、いずれも子供の頃から本好きで、主人は湯川秀樹の伝記に感動して理論物理を専攻し、私は翻訳家になりました。息子も物語や図鑑が大好きで、「オビラプトルは卵泥棒じゃなかったんだよ」と目を輝かせて教えてくれます。子どもが本を通じて世界を広げ、得た知識を糧に自らの道を選び取っていくことを、私共は、親として後押ししたいと考えます。　　　　　　　（２９８字）

慶応幼稚舎　福翁自伝（５）
「お子さまを育てるにあたって『福翁自伝』を読んで感じるところをお書きください。」
Ｋさんの場合

　未来を開拓する為には、自ら考え率先垂範することと、時に強い信念とも決別する勇気が必要であると改めて感じました。私達自身が素直さと柔軟性のある態度で、本質を見極めた行動を娘にしっかり示し、娘の発達が未分化な時を大切に見守りたいと考えます。
　新しい時代の潮流を作られた福澤先生の大胆な行動力が、２１世紀の私達にまで影響を及ぼしています。強い思いは無限の力を発揮し尊いものであることを、私達自身が実践し親の背中を見せながら、娘に伝え続けたいと思います。
（２２１字）

願書案に対するコメント

「強い信念とも決別する勇気」というのはどのエピソードのことを差しているのでしょうか。

「強い思いは無限の力を発揮し尊いものである」などというすごいことを、親が示せるのでしょうか。読んでいて、どんな親なのだろうかと素朴に疑問に感じます。そのとおりであるのであれば結構ですが、そうでないのであれば、前半の「強い信念とも決別する勇気」に具体的なエピソードを添えて、そこを膨らまして、第二段落を削除するほうがいいと思います。

添削後

　福澤先生が横浜見物をした際、それまで死に物狂いで勉強したオランダ語がまったく通じず、英語への転向を決意した件があります。未来を開拓する為には、これまで信じてきた道に拘らずに本質を見極める力と、信じてきた道を変える勇気とが必要であることを教えていただきました。新しい時代の潮流を作られた福澤先生の先見力と大胆な行動力は、現在の２１世紀の私達にまで影響を及ぼしています。私共は、福澤先生のなさったことのほんの少しでも、本質を見極めた行動を娘にしっかり示せればと思っています。そして、親の後ろ姿を見て育つ娘を大切に見守ることができればと思っております。
（２７３字）

慶応幼稚舎　福翁自伝（６）
「お子さまを育てるにあたって『福翁自伝』を読んで感じるところをお書きください。」
Ｌさんの場合

　福澤先生の人生体験やエピソードから発せられる数多のメッセージと信条に深く感銘を受け、娘も是非貴塾で学ばせて頂きたいと思いました。福澤先生は相手や状況に過度に振り回されず、<u>失敗しても重く感じず</u>、如何なる時も前向きに努力する知性と明るさを兼ね備えておられました。又常に誠心誠意努め、人の見ていないところでも恥ずかしいことはしないという信条をお持ちでした。<u>これらはご両親から引き継いだ思想によるものと思います。</u>苦しく辛い状況でも逃げずに前向きに努力することは難しいことですが、そんな状況でも明るく受け止められる器を娘には持ってもらいたいと思います。家庭での教育とは親の背中を子供の見せることと考えております。少しでも福澤先生に近い姿を子供に見せることができるよう努力していきたいと思います。　　　　　　　　　　（３４２字）

添削後

　福澤先生は、若い頃に家を出られて以来、何事も自分で考え、行い、貧富苦楽を他人に頼らず、自身で引き受け、何時でも悠然としてこられました。少年の頃から、他人に頼らず、しかし、周囲とは上手くコミュニケーションをとりながら、根気強く努力し、結果は可であれ不可であれ、静かに受け止めておられました。先生のように自分を知り、何事も覚悟して最善を尽くし、常に前向きで明るいことは、複雑な社会に適応する上で重要な資質であると思いました。わが子が、福澤先生の百分の一でも何事にも前向きに粘り強く取り組む明るい子になるように、子育てをしていきたいと思います。福翁自伝から学んだ、福澤先生の人生体験やエピソードから発せられる数多のメッセージと信条に深い感銘を受けました。是非、娘を貴塾で学ばせて頂きたいと思っております。　　　　　　　　（３５０字）

願書案に対するコメント

失敗しても挫けないという趣旨のことを、福沢諭吉が両親から学んだというエピソードは「福翁自伝」にありましたでしょうか？

　文案は、前半は「挫けない」という内容で、後半は「両親の影響」と、２つの内容が盛り込まれているので、どちらかに絞ってお書きいただくほうが読みやすいと思います。

慶應横浜初等部　志望理由（1）
「志望理由（志願者の様子や家庭の方針に言及しながら書いてください）」
Mさんの場合

横浜初等部・志望理由

　我が家の教育方針は、「運動も勉強も継続して頑張り、メリハリの一日を過ごす」です。わが娘は、現在インターナショナルスクールと新体操を軸に生活をしております。インターナショナルスクールでは、様々な人種の方々と英語で会話をし、少しずつ共同生活やグローバルな感覚を身についています。新体操では、送り迎えに父親との会話を楽しみにし、コーチから指導を受け、黙々と練習にしています。演技では、元来の慎重な性格からか、他の選手を見て、演技を確認することがあり、ワンテンポ遅れる傾向がありました。しかし、自宅での毎日の練習から自信をつけ、解消しつつあります。両親は、頑張る娘の姿を見て、家事の分担やスポーツを行い、お手本になれるよう日々を過ごしています。

　学校説明会で、御校の部長から福澤諭吉先生のお考えを基礎とした御校から大学までの一貫教育で、「体験教育」、「自己挑戦教育」、「言葉の力」の三つの柱の学校生活について拝聴し、芝生の校庭での身体作り、知的好奇心を刺激する教室や学校行事の数々について伺いました。また、会社生活からご転身されて御校で教鞭をふるっておられるご同窓のお話を、私の戦友とも言える幼稚舎卒業生の同僚から伺い、わが娘を御校への入学を強く希望致しております。

　わが娘には、御校から始まる大学までのかけがえのない大切な期間を、先生方また友人と過ごし、卒業後も一翼を担える子になってほしいと切望しております。（600字）

願書案に対するコメント

横浜初等部の志望理由の記入欄のフォーマットはよく変わります。2019年度では16行でした。1行字数は34字～37字の人が多いので、MAX字数の目安としては540字～590字です。この文案の年は17行でした（以降の文案も同様）ので字数は問題ありません。

幼稚舎との「使いまわし願書」ですね（P32）。第1段落のご家庭の教育方針と、第2段落の学校の様子とのつながりがわかりません。どうしてそのような家庭の教育方針だと、横浜初等部を選ぶのかが伝わらない状態です。そこを工夫してください。

> 添削後

　私共の教育方針は、しっかりとした身体をつくり、しっかりと自分で考えられる人にわが子を育てるというものです。娘は、新体操とインターナショナルスクールを軸に過ごしています。活発な娘自ら始めた新体操は、コーチから指導の下、楽しく練習をしています。集団競技における責任を感じながら、自宅でも毎日練習に励んでいます。私共は、しっかりと自分で考える基礎は言葉だと思っております。インターナショナルスクールで英語を学ぶ娘は、家では、父親に英語で話しかけます。英語教育を通じ、人種や文化の違いを学んでいます。他国の文化を学ぶようになって日本の文化にも興味を持ちはじめ、最近は、日本地図や漢字にも関心を示しております。

　会社員生活から転身され御校で教鞭をふるっておられるご同窓のお話を、私の戦友とも言える幼稚舎卒業生の同僚からお聞きしたことがきっかけで、御校に興味を持ちました。

　学校説明会では、御校から藤沢中高へそして大学までの一貫教育の中、あらゆる思考の基盤となる読む力と書く力を育成する、言葉の力の教育に取り組んでいらっしゃることを伺いました。また、芝生の校庭での身体作りをはじめ、楽しい様々な学校行事についても伺いました。私共の求めることが御校にはございます。御校からはじまる16年間は、娘にとって人生の礎であり財産になることでしょう。友人と共に成長し、他人を思いやる優しい心を培いながら、積極的にグローバルな活躍ができますような人に成長してほしいと願い、御行を志望いたします。　　　　　　　　　　（６３０字）

横浜初等部・志望理由

慶應横浜初等部　志望理由（２）
「志望理由（志願者の様子や家庭の方針に言及しながら書いてください）」
Ｎさんの場合

　我が家では、心身の健康と礼儀を大切に、思いやりと感謝の心を忘れず、自分に正直であることを教育方針にしております。「自分に正直であること」とは、自由をはき違えず、己に課せられた使命や自ら定めた目標に向かって実直に努力することと考えます。

　幸い娘は食べ物の好き嫌いがほぼなく健康で、この５年間徒歩と電車で毎日元気に通園しております。明るく穏やかな性格で、小さい頃から何事にも一生懸命取り組み、できないことでもいつの間にかできるようになって親を驚かせることもございます。保育園の劇、ダンスの発表会では、毎日家で台詞や踊りを練習し、お友達の台詞や役割をも覚え園では分からないお友達に率先して教えてあげていたと聞いております。頼られること、皆でやり遂げることに喜びと達成感を感じ、自分に自信が持てるようになり、周囲への気配りができるようになってきたように思います。以前は初めての環境で慎重になることが多かった娘ですが、自分に自信がついてきたことで、この頃は見知らぬお友達に自ら話しかけるなど心が逞しく成長してきたと感じています。

　今後社会の多様な変化にも対応し、社会に貢献するためにも、創造性と積極性、社会性を兼ね備えることが大事であると考え、そのためには人格の基礎となる幼少期に貴塾での一貫教育が望ましいと思っております。娘には学ぶ楽しさを知り、豊かな人間性を育んで欲しいと願い入学を志願致します。
（５９２字）

願書案に対するコメント

幼稚舎との「使いまわし願書」ですね（P32）。「自分に正直であること」を「自己に化せられた使命…に向かって実直に努力すること」と定義するのは、カトリック女子校的な「匂い」を感じます。また、「親バカ願書」でもあります。

「創造性…を兼ね備える…ためには人格の基礎となる幼少期を貴塾での一貫教育が望ましい」とありますが、前半の内容とも関係がなく、まるっきり根拠が書いておらず、唐突な印象を受けます。美辞麗句を並べただけの願書という印象です。志望理由が弱いです。

添削後

　我が家では、心身の健康を第一に、礼儀、周囲への思いやりをもつことを教育方針にしてきました。
　娘は食べ物の好き嫌いがなく、おかげさまで健康に育っています。毎日、徒歩と電車で元気に通園し、「おはようございます！」と先生方やお友達に元気に挨拶する気持ちよさを覚えたようです。性格は明るく穏やかで、頑張り屋でもあります。保育園のダンスの発表会では、毎日家で練習し、終いにはお友達のダンスまで覚えておりました。みんなで頑張ってやり遂げることに喜びと達成感を感じたようです。同時に、周囲への気配りも少しずつできるようになってきました。最近では、一人で遊んでいるお友達に自ら話しかけるなど、積極性も身につけ、成長を感じます。
　娘の次の目標は、興味の持ったことに自主的に取り組むことです。これからの社会の多様な変化にも対応し、社会に貢献するためには、受け身ではなく、問題意識を自ら持ち、自主的に行動することが望まれると思います。その基礎として小学生の時期には、興味の持ったことに積極的に自主的に取り組めるようになってほしいと思っております。
　御校では、独立自尊を学びの柱として、自ら課題をみつけて考える探求的な学習に取り組んでおられます。また、「律義正直親切」な性質を養う教育方針をお持ちです。まさに私どもが望む初等教育です。娘には、小中高大の二十年間を同じ仲間と過ごし、様々な体験を通し豊かな人間性を育んで欲しいと願い、御校への入学を志望いたします。　（６１５字）

慶應横浜初等部　志望理由（３）
「志望理由（志願者の様子や家庭の方針に言及しながら書いてください）」
Ｏさんの場合

　息子には、人生と仕事を楽しむ人間に、いずれは専門的な能力を生かして人の役に立つ人間になってほしいと願っております。<u>その土台を作るために、日々の生活習慣が人をつくると考え</u>、身の回りのことは自分でする、きちんと返事・あいさつをする、ご飯は一粒も残さず食べるなど、基本的な事を大切にして育ててまいりました。また、良書との出会いは一生の財産と考え、本好きになるように毎晩の読み聞かせを続けています。最近は特に日本の昔話が好きで、聞きなれない言葉があると興味をもち、たくさんの言葉を覚えました。本を通して物事の善悪や人の気持ちを想像する力もつき、思いやりの気持ちが育ち、相手が理解できるように自分の考えを伝えられるようになってまいりました。

　人間としての基礎を築くこれからの時期には、学ぶことが楽しいと思える教育と、尊敬できる大人に出会うことが大切だと考えます。学校説明会の中で、子供の成長を５０年の年月をかけて育つ木に例えられ、子供達も時間をかけて育つのだとおっしゃられたこと、一人一人違う子供の能力や意欲に一番良い教育をと考えているというお話をお聞きし、深い感銘を受けました。

　<u>歴史と伝統、自由な精神、新しい発想を取り入れる教育、そのすべてを感じられる貴校の教育環境</u>の中で、息子は、豊かな経験と学び生きる姿勢を身に着けることが出来ると確信しております。子供の学ぶ気持ちを大切にされる先生方のご指導のもと、ぜひ貴校で学ばせていただきたく志望いたします。　　　　　　　　　　　　　　（６２０字）

願書案に対するコメント

全体的に文章はお上手ですが、よく読むと内容がわかりません。たとえば、「人生と仕事を楽しむ人間」「専門的な能力を生か」す人間になるための土台は、日々の生活習慣がつくるというのも、その例です。根拠が希薄です。

第二段落も、前半とも後半とも結びつきません。

学校の教育方針についても抽象的です。ぴんと来ません。他校の願書文案を使いまわした「使いまわし願書」の印象を受けます。

> 添削後

　息子には、人生と仕事を楽しむ人間に、できれば専門的な能力を身につけて人の役に立つ人間になってほしいと願っております。人の役に立つ人間になるべく、まずは身の回りのことは自分でする、きちんと返事・あいさつをするなど、基本的な生活習慣を大切にして参りました。また、良書との出会いは一生の財産と考え、本好きになるよう毎晩の読み聞かせを小さいころからずっと続けています。最近は特に日本の昔話が好きで、聞きなれない言葉があると興味をもち、たくさんの言葉を覚えました。本を通して物事の善悪や人の気持ちを想像する力もつき、思いやりの気持ちや人に自分の思いを伝える力も育ってきたように思います。

　小学生の時期は、心身両面で人間としての基礎を築く時期であり、また、初めての本格的な集団生活の中で困難にぶつかっても、粘り強く取り組む姿勢を身につける時期だと思います。その意味で、貴校が初等部生に期待する資質を表す二語に強く共感いたします。しかし、じっくりと子育てをして参りました私共には、学校説明会での部長先生のお話が何よりも心に響きました。子供の成長を５０年の年月をかけて育つ木に例えられ、子供達も時間をかけて育つのだと、また、一人一人違う子供の能力や意欲に一番良い教育をと考えているのだというお話でした。

　そのような素晴らしい先生方、素晴らしい教育方針の下、息子が一生の恩師、生涯の友人と巡り合い、切磋琢磨して成長してくれることを願い、御校を志望いたします

（６１８字）

慶應横浜初等部　志望理由（４）
「志望理由（志願者の様子や家庭の方針に言及しながら書いてください）」
Ｐさんの場合

　息子どもたちが社会で活躍する21世紀後半を見据えたとき、<u>国際化の進展のもと求められる教育の在り方の変化</u>が予想されます。通常の日本における伝統的な受験勉強と一線を画し、<u>異文化交流と情報教育を軸とした小中高一貫教育</u>の方針・内容に共感したため志望致しました。

　本人は、素直で心優しい、芯の強い子です。初めての環境に緊張することもありますが、慣れると明るく活発です。責任感が強く、幼稚園でのお当番など任された仕事はしっかり最後まで取組んでいるようです。家庭では、規則正しい生活リズムと家庭学習の習慣を心掛けております。地域行事への参加、収穫体験など様々な実体験を通じて、あきらめずに努力すること、他者との協調性を身につけること、知的好奇心が旺盛となるように、読み聞かせなどの読書習慣を家庭の方針としています。従いまして、貴校の体験教育、自己挑戦教育、言葉の力の教育という３つの柱は自然に受け入れることができました。

　志願者の父親は塾員ですが、<u>貴校やＳＦＣで身に付ける能力は、卒業後に必要と認めたスキル</u>であり、この教育を受ける機会のある息子はうらやましい限りです。新しい学校ですから、今後よき卒業生を輩出できるように保護者として協力したいと考えています。　　　　（５１６字）

願書案に対するコメント

　字数をもう少し多くしないと、記入欄が空いてしまい、印象がよくありません。基本的には、行がすべて埋まるように文案を考えてください。

　また、あまりに「予定調和」的に書かれた印象を受けます。具体的に言えば、「３つの柱」から逆算して家庭の教育方針を書いたように読めます。もう少し自然な感じに書くことをお勧めします。

　第一段落と最終段落の下線部は内容がダブっていますので整理してください。

> 添削後

　息子どもたちが社会で活躍する２１世紀後半、国際化のさらに進展している中で求められる教育は、そのあり方が変わっていくのではないでしょうか。今までの、日本の伝統的な受験勉強とは一線を画した、異文化交流と情報教育を軸とした教育が求められるのではないでしょうか。貴校では、そのような２１世紀の教育を小中高一貫教育の下、さらに大学にまで及ぶ１６年間に亙って受けることができると思い、志望致しました。

　志願者の父親は塾員です。私が慶応義塾で学んだときから進化した、このような素晴らしい教育を息子が受けることになれば、息子のことをうらやましく思います。

　本人は、素直で心優しく、芯の強い子です。初めての環境に緊張することもありますが、慣れると明るく活発です。責任感が強く、幼稚園でのお当番など任された仕事はしっかり最後まで取組んでいるようです。家庭では、規則正しい生活を心掛けております。他者と協調すること、簡単にはあきらめないことを学んでくれたらと思い、地域行事や収穫体験などの様々な実体験に積極的に参加してきました。同時に、知的好奇心が旺盛となるように、絵本の読み聞かせを小さいころから続けてきております。貴校における、体験教育、自己挑戦教育、言葉の力の教育という３つの柱は、まさに我々が望む教育です。

　貴校は新しい学校です。ご縁がありましたら、子供たちがさらに充実した教育を受けられ、良き卒業生を輩出できるように、保護者として協力させて頂きたいと考えています。

（６２２字）

慶應横浜初等部　志望理由（5）
「志望理由（志願者の様子や家庭の方針に言及しながら書いてください）」
Qさんの場合

　私共は息子の教育において、<u>なるべく実体験させることを心掛けてきました</u>。息子が、心からやってみたいと思うものを見つけ、自信を持って生き生きと過ごしてほしいと思ったからです。2歳の頃より、『ストライダー』というペダルや補助輪のない自転車を与えたところ毎日のように公園で乗り、自然とバランス感覚を身につけました。4歳の頃より補助輪なしの自転車に乗り、親が同伴しますが近所のほとんどの場所に、自転車で行きます。交通ルールの大切さを知り、道路の危険な場所を知るようになり様々な実体験をしております。

　貴校の学校説明会で大森初等部長先生が『その子の興味、意欲、能力を見て教育する』とおっしゃられていましたが、強く賛同致します。『福爺百話』の中にも、人が生まれ持った天賦が教育によって伸びることが大切であり、それ以上広大無辺に望んではいけないとありますが、大森先生のお言葉がさらに心に留まりました。貴校、そして湘南藤沢中高等部の一環教育によって息子本来の才能が伸び、自信を持って変化の激しい社会を生き抜く人材になってほしいと願い、貴塾への入学を志望いたします。

（473字）

願書案に対するコメント

「なるべく実体験させることを心がけてきた」例として挙げられているのが、ストライダーと自転車ですが、適切な例とは言えません。

そもそも字数が足りません。あと60字程度増やしてください。誤字もあります。

「福翁百話」の内容を書くことは、他の志願者たちの願書と差別化できてよいと思いますが、内容が独特なので、本当にそれでよいか吟味してください。ここで引用している内容は、「才能がないものは何をしてもダメ」という意味です。

添削後

　私共は息子の教育において、なるべく実体験させることを心掛けてきました。息子が、心からやってみたいと思うものを見つけ、自信を持って生き生きと過ごしてほしいと思ったからです。２歳の頃より、『ストライダー』というペダルや補助輪のない自転車を与えたところ、毎日のように公園で乗り、自然とバランス感覚が養われたようです。４歳の頃より補助輪なしの自転車に乗り、親の同伴の下、近所のほとんどの場所に自転車で行きます。交通ルールの大切さを知り、道路の危険な場所を知るようになりました。また、動物図鑑でタンチョーを見たとき、頭の一部が赤いことに息子は興味を持ちました。夏休みに実際のタンチョーを見に北海道に行きました。その年に生まれたばかりの雛鳥が半年で親と同じ大きさになり、ただ全身茶色で頭も赤くないことに気付いたようでした。理由はあえて説明しませんでしたが、色々な「仮説」を考えていたようです。
　貴校の学校説明会で大森初等部長先生が『その子の興味、意欲、能力を見て教育する』とおっしゃられていましたが、強く賛同致します。『福爺百話』の中にも、人が生まれ持った天賦が教育によって伸びることが大切であるとありましたので、大森先生のお言葉がさらに心に留まりました。
　貴校、そして湘南藤沢中高等部の一貫教育によって息子本来の才能が伸び、自信を持って変化の激しい社会を生き抜く人材になってほしいと願い、貴塾への入学を志望いたします。
（６０２字）

慶應横浜初等部　志望理由（6）
「志望理由（志願者の様子や家庭の方針に言及しながら書いてください）」
Ｒさんの場合

娘の名「〇〇」は、深い思いやりと豊かな向上心を持つ女性に育って欲しい、という願いをこめたものです。そのため幼児期は、優しさ、チャレンジ精神、折れない心といった心の基礎形成期と考えて参りました。2才から家族で高尾山に登り心身を鍛えたり、3才下の弟の世話と教育係を通じ愛情と責任感を養いながら、娘はその名の通り「やさしくて頑張り屋」に成長してきました。私どもは、御校の「自己挑戦教育」という軸に初めて触れたとき、親としての思いとの一致に震えるほど感動したことが忘れられません。我が家の小さな「やさしくて頑張り屋」が、御校で挑戦を重ね、小さな失敗と成功を通じ向上心を培ってゆく姿を見ることは、私どもの理想でございます。

私どもは2年半前からシンガポールで生活しており、娘は〇〇という学校で学んでおります。〇〇は体験を重視した学業と社会教育に注力しており、60もの国籍の多様な個性の学友に囲まれながら、娘は少々の発熱でも休まず学校に行きたがるほど学ぶ喜びを感じております。7月の説明会で、御校の広々とした環境と体験重視教育に共通点を感じ、娘と帰国し御校にとの意を強くいたしました。

娘は、荒波を平然と受け流し、決めたことはやり通すしなやかな強さを持っています。来星当初は全く英語が話せず、友達の輪に加わることができない時期がありましたが、娘は平然と「英語を話せるようになれば変わるから、大丈夫」と宣言し、親も先生も驚く早さで英語を身につけたのは、その好例です。この娘の独立自尊の芽を御校の環境で育み、志高い女性に成長してゆくご縁をいただければ、親としてこれに勝る喜びはありません。（683字）

願書案に対するコメント

「震えるほど感動した」とありますが、「自己挑戦教育」を聞いただけで震えるほど感動するというのは、わざとらし過ぎます。

志望理由が「自己挑戦教育」と「独立自尊」という2つのキーワードだけ、内容がわかりません。なぜ自己挑戦教育や独立自尊を望むのか、書き添えてください。

典型的な「親バカ願書」です。読んでいてうんざりします。「本当にそのくらいわが子はスゴイ」と自信があるなら、これで結構ですが、もし試験の結果がずば抜けて良くないと、子どもを客観視できない面倒くさい保護者と思われ、確実に不合格になります。

> 添削後

　娘の名「○○」は、深い思いやりと向上心を持つ女性に育って欲しい、という願いをこめたものです。そのため幼児期は、優しさ、チャレンジを養うべく、２才から家族で高尾山に登り心身を鍛えたり、３才下の弟のお世話係を通じ、愛情と責任感の萌芽を養って参りました。様々な学校が各々方針を持つ中、御校の掲げる「挑戦」は、人生を開拓する志の礎を作る、私どもが望む教育です。やさしくて頑張り屋の娘が御校で挑戦を重ね、向上心を培ってゆくご縁をいただければ、親としてこれに勝る喜びはありません。
　さらに、広々と緑に囲まれ、学業に遊びに本物を体験できる環境も素晴らしいと思います。私どもは現在シンガポール在住です。娘が当地で学ぶ○○という学校も広大なキャンパスで、学業にも社会教育にも体験を重視しており、御校に通じるものを感じます。今、娘は熱があっても学校に行きたがるほど、楽しく通っております。帰国後は、ぜひ御校で次のステップを歩ませたいと、私どもは強く志望しております。
　親から見て心配になることもありますが、娘は親の心配をよそに、苦労を苦労と感じずに取り組む強さを持っているようです。来星当初は全く英語が話せずクラスの輪に入れない時期がありましたが、娘は「英語を話せなくても遊べるから、英語が話せるようになれば、もっとお友達がたくさんできるよ」と、親に比べると驚くほどの早さで英語を身につけました。娘が、６０か国籍の多様な学友に囲まれ今日まで培った国際性の芽を御校でさらに育み、多彩な国際交流プログラムを持つＳＦＣで花開かせ、次世代の国際人に成長していくことが、私どもの願いでございます。　　　　　（６８７字）

慶応横浜初等部 福翁自伝（１）
「志願者の家庭について、『福翁自伝』を読んで感じるところをお書きください。」
Ｓさんの場合

　私共の意向で、娘がスクールに入学した際、在園生の英語力と歴然の差がありました。入学当初、あるお友達から、「Go back to Japanese Kindergarten」と意地悪され、通いたくないと言った時期がありました。私と妻は少々迷いましたが、「語学の習い始めは大変だから、ここであきらめず頑張るという経験は大切だよ。」と教えました。その後、わが娘は、意を決したのか、黙々と通い、疑問を私に聞くことを地道に繰り返し、今ではクラスで一番話せるようになりました。僭越ながら、福沢諭吉先生が当初志した蘭学から英語に迷わずご転進され、「蘭語読む力はおのずから英書にも適用して、けっして無益ではない。」とおっしゃられました。ここでの娘の小さい経験が、今後新しい言語などを自力で習得する機会が来たとき、大きな自信となってほしいと願っております。　　　　　　　　　（３４２字）

添削後

　現在、我が家では、娘に英語を学ばせています。それは、グローバル化した社会でのコミュニケーションツールを身につけるため、また、まったく新しいことを勉強するときの習得方法を体得するためです。
　福翁自伝を拝読して、「獣身人心」と「洋行なさった経緯」の二点に特に感銘を受けましたが、福澤先生はご自身の経験をお話しされているだけで、それを読者に押し付けるような書き方ではありませんでした。それは、読んだ各人が自ら考え行動する一身独立を促されているのではないかと思いました。娘の子育てにおいても、親が娘に何かを課すのではなく、成長していく娘と対話しながら、娘自身に考えることを促し、一身独立を会得できるような子育てを行っていきたいと思いました。　　　　（３１５字）

願書案に対するコメント

横浜初等部の福翁自伝の記入欄のフォーマットも変化し続けています。2019年度は13行でした。440～480字が標準です。この文案は９行の時代の文案です（以降も同じ）。

英語が文法的に間違っています。Japaneseの前に冠詞か所有格代名詞が必要です。

　また、幼稚舎の福翁自伝の願書の使いまわしはできません。幼稚舎では「お子さまを育てるにあたり…」ですが、横浜では「志願者の家庭について…」です。質問にダイレクトに答えるようにしてください。

慶応横浜初等部　福翁自伝（２）
「志願者の家庭について、『福翁自伝』を読んで感じるところをお書きください。」
Tさんの場合

福澤先生の人生体験やエピソードから発せられる数多のメッセージと信条に深く感銘を受け、娘も是非貴塾で学ばせて頂きたいと思いました。福澤先生は相手や状況に過度に振り回されず、<u>失敗しても重く感じず、如何なる時も前向きに努力する</u>知性と明るさを兼ね備えておられました。又常に誠心誠意努め、人の見ていないところでも恥ずかしいことはしないという信条をお持ちでした。<u>これらはご両親から引き継いだ思想</u>によるものと思います。苦しく辛い状況でも逃げずに前向きに努力することは難しいことですが、そんな状況でも明るく受け止められる器を娘には持ってもらいたいと思います。家庭での教育とは親の背中を子供の見せることと考えております。少しでも福澤先生に近い姿を子供に見せることができるよう努力していきたいと思います。　　　　　　　　　　　　　　（３４２字）

添削後

福澤先生の人生体験やエピソードから発せられる数多のメッセージと信条に共感し、深く感銘を受けました。我が家では心身の健康を第一の教育方針にしております。身体が健康でないと心も健康にならないと考えているからです。幸い、娘は何でも良く食べ、健康で、朝６時起床、２１時就寝の規則正しい生活を送っております。また、何事も楽しむことを大事にしており、遊ぶことだけでなく、家事手伝いを親子で楽しみながら行うことで、率先してお手伝いをするようになっております。福澤先生は如何なる時も前向きに努力し、失敗してもめげない強く明るい心をお持ちでした。先生のように強く明るい心を育むためにも、家庭では何事も楽しむ心のゆとりとユーモアを大切にしたいと思いました。　　　　　　　　　（３１８字）

願書案に対するコメント

たまに見ますが、幼稚舎とまったく同じ文章です（P45）。幼稚舎が「お子様を育てているにあたり…感じるところ」を書くというお題に対し、横浜初等部は「志願者の家庭について…感じるところ」を書くというお題ですから、当然内容が変わります。「使いまわし」では的確な内容にはなりません。

また、幼稚舎のときと同じ指摘ですが、「失敗しても挫けないということを福澤諭吉が両親から学んだ」というエピソードはありましたか？

慶応横浜初等部　福翁自伝（３）
「志願者の家庭について、『福翁自伝』を読んで感じるところをお書きください。」
Ｕさんの場合

　人生の目的である「夢」を持つ重要性を再認識しました。福澤先生が横浜で世界を知り、蘭学から英学に僅か一日で切替えるエピソードはとても印象的でした。日本の発展という強い「夢」を持っていたからこそ、手段である語学の切替えを苦としなかったのではないかと感じました。私共は人生という荒波の中で困難を乗り越えていくためには、羅針盤となる「夢」を持つことが大切と考えています。このため、娘には家庭の団欒の中で「夢」について話す機会が多く、「医師」という夢を抱いたと考えています。

（２３２字）

願書案に対するコメント

字数が足りません。また、「夢」について書かれていますが、お題は「志願者の家庭について」ということですので、内容がずれています。

添削後

　福澤先生が横浜で今の世界を知り、蘭学から英学に僅か一日で切替えるエピソードはとても印象的でしたが、家庭という点では、身分で人を判断せず、神仏を信じないという福澤先生のお母上の言行が、福澤先生がお持ちになった「常識に縛らない」「本質を見極める」力の源流だと感じました。幼少期の家庭教育がいかに重要か再認識しました。私共も、流行や噂を鵜呑みにせず、家庭での団欒を通じて肌で感じた娘の成長、興味に応じて、本当に必要なものは何か、どう伝えるか大切にしています。最近では「素敵な小学生になる魔法」を娘と一緒に考えました。①一生懸命取り組む、②嘘をつかない、③友達に優しくする、④いつも笑顔で、の４つです。日々唱え、実践しています。

（３１０字）

慶応横浜初等部　福翁自伝（４）
「志願者の家庭について、『福翁自伝』を読んで感じるところをお書きください。」
Ｖさんの場合

　人間味溢れる福澤諭吉先生の生き方を通読するなかで、「温和と活発を中心としたしつけ方、まるで友達同士のような一家、秘密のない家風、子の品行」といった家庭、子の養育、教育に関して記された点から、家庭が子に与える影響は大きく、また、家庭が担う役割を十分認識し、確固たる信念を持って息子を育てていく事の重要性を改めて実感しております。我が家では、子は親をみて習慣を身につけ、親も子から学ぶ、温かく虚偽ない家庭環境下で息子を見守り、人間形成を育んでいきたいと考えております。良い例、手本を示し、家庭において教え導いていきたいと思います。また、家庭が担う生活教育の場としては、掃除、洗濯たたみ等、家族の一員として経験するうえでの学びを重視し、家庭が担う役割を果たしていきたいと考えております。

（３４０字）

願書案に対するコメント

全般的に、文章が読みづらいので、工夫が必要です。
　また、家庭が担うのは「生活教育」であると「福翁自伝」に書かれていたでしょうか？

添削後

　人間味溢れる福澤諭吉先生の生き様の中には、「温和と活発を中心としたしつけ方」、「まるで友達同士のような一家」、「秘密のない家風」、「子の品行」といった家庭のあり方や養育・教育に関してのたくさんの学ぶべき記述がありました。子に与える家庭の影響は大きく、確固たる信念を持って子どもを育てていくことの重要性を改めて実感しました。我が家では、毎日のコミュニケーションを大切にしており、一日の出来事や楽しかったこと、悲しかったこと等を包み隠さず、毎朝、家族で話します。秘密のない家風は実践できています。子は親をみて習慣を身につけ、親も子から学ぶ。温かく虚偽ない家庭環境下で息子を見守り、人間形成を育んでいきたいと考えております。

（３０９字）

慶応横浜初等部　福翁自伝（5）
「志願者の家庭について、『福翁自伝』を読んで感じるところをお書きください。」
Xさんの場合

　福澤先生は青年期に海外に渡航され、身分制度が無く大きく発展している欧米社会を目のあたりにされました。一人でも多くの国民の自立心の確立・学識向上が国力の源泉と考え、慶応義塾を創立されました。この事は、封建社会で低い身分の人にも公正な態度で接するという、当時珍しい家庭環境で福沢先生が幼児期を過ごされた事が西洋的な独立・平等の精神を取り入れた慶応義塾の基礎となったと推察します。「福翁自伝」を読んで、家族の生活態度・基本姿勢がその後の子どもの成長、考え方に大きな影響与える事を痛感しました。また人と違う事を恐れず、既存の社会的通念を超えて物事を考え、子どもが新しいものを造り出してけるような習慣を養えるよう、会話・教育を日々実践していくことが重要であると考えるようになりました。
（337字）

願書案に対するコメント

お題が「志願者の家庭について」書くというものですが、肝心のその部分の記述が少ないので、増やしてください。

添削後

　福澤先生は青年期に身分制度のない海外に渡航され、国民一人一人の独立心の確立・学識向上こそが国力の源泉だとお考えになり、慶応義塾を創設なさいました。このことには、封建社会の中、低い身分の人にも公正な態度で接するという、当時では珍しい家庭環境で福澤先生が育ったことが強く影響しているのだと思います。親の生活態度や基本姿勢などの家庭環境が、子どもの成長や考え方に大きな影響を与えるのだと思いました。我が家を振り返ると、我が子は、良くも悪くも親の言動を細かい所まで吸収してしまっているように強く感じます。ですので、まずは親自身が子どもの手本となるよう、日々正しく生活することが何よりも重要であると感じました。
（300字）

慶応横浜初等部　福翁自伝（６）
「志願者の家庭について、『福翁自伝』を読んで感じるところをお書きください。」

Ｙさんの場合

　我が家は、「笑顔」「思いやり」を合言葉に、とても会話の多い家族です。皆が健康で、学校や幼稚園での生活が充実して楽しく過ごしている日々に感謝しております。娘達が、ひとりの人間として独立心と自尊心を築き、どのような立場の人間になろうと己の信念を貫く人間になってほしいと思っています。「福翁自伝」を読んで、自尊心を保ちながらいかに社会に貢献するかを考える大切さを感じました。福澤先生は、子供時代の母の感化力、深い愛情、正しい家風が自然に体に備わっておられ、周りに流されないが、活発に交際の輪を広げ他人との関係を上手く保っておられました。そのような生き方をお手本にさせていただきたいと思いました。親として出来る事は、正しい生活習慣を身につけさせ、良心と向き合って生きること、人の役に立つ喜び、自分が親に受け入られている、愛されている事を娘達に実感させること。子どもと共に自分も育ち、親として人として、成長できれればと感じました。　　　　（４１０字）

願書案に対するコメント

まず字数が多すぎます。２割カットしてください。色々書き過ぎていて、何が言いたいのかが伝わりづらくなっているので、もっとシンプルにお書きください。

添削後

　我が家は、「笑顔」「思いやり」を合言葉に、とても会話の多い家族です。皆が健康で、学校や幼稚園での生活が充実し日々楽しく過ごしていることに感謝しております。娘たちには、これから、ひとりの人間として独立心と自尊心を築き、己の信念を貫く人間になってほしいと思っています。福澤先生は、子供時代に得た母の深い愛情や家風が自然に体に備わり、周りに流されないが、活発に交際の輪を広げておられました。「福翁自伝」から、自尊心を保ちながら社会に貢献することの大切さを学びました。娘たちの次の目標のために、親として出来ることを考えたとき、独立心、自尊心を養うためには、まずは自分が親に受け入られていて愛されていることを実感させることだと思っております。同時に、自分も、子どもと共に、親として人として、成長できればと感じました。　　　　（３５３字）

早稲田実業　入学志願書（１）
「本校を志望した理由、志願者の様子等をご記入ください。」
Ｚさんの場合

早稲田実業

　我が家では、人の気持ちに寄り添える、その人の立場になって考えることの大切さを教えてきました。先日娘が、１歳に満たないお子さんがキャスター付の箱に捕まり立ちをしているのを察し、すぐに安全な場所へ避難させたと聞きました。瞬時に状況を判断し行動する心配り、気遣いができるように成長したことを嬉しく思っております。相手を大切に思い、さらに、自分をも大切に思う自尊感情が育ち、自己肯定感をしっかりと持つことで、困難にぶつかってもしなやかに対応できる力を育ててほしいと思っております。また、私が若い頃、留学を通して「経験こそが糧になる」ことを実感しました。我が家ではお味噌汁は娘が作ります。だしは鰹節から取ります。包丁で大根も切ります。実際に体験し本物を知ることは、本質を見極める目を養うと考えるからです。そして、体験を通じて本物を知る教育環境が大切だと考えております。貴校では、五感を磨く自然体験、「手先は第二の脳」として取り組んでおられる手仕事、一年間の成果を発表し達成感を味わう学習発表会など、どれも体験することを通して、物事を深く考え、見る力を養う教育と拝察致します。この素晴らしい教育を娘にも是非に学ばせて頂けたらと思い、貴校を志望いたします。

（５２１字）

願書案に対するコメント

早稲田実業の記入欄のフォーマットも変化しています。2016年度願書までは18行、2017年からは20行に増えましたが、2019年度は15行になりました。1行字数28字〜31字として、ＭＡＸ字数の目安は420字〜460字になります。この文案の年では500字から560字が目安でした（以降同じ）。

「親バカ願書」になっています。

お味噌汁を「だし」から取るという話や、ごはんを上手に研ぐという類の話は、ネタとしてカブりますので、使わないほうが無難です。

添削後

　若い頃、苦労をしながらなんとか成し遂げた留学を通して、「苦労して得た経験・体験こそが心の糧になる」と実感しました。とりわけ児童期は人格の基礎を形成する大事な時期です。その時期に、五感を磨く自然体験、「手先は第二の脳」として取り組んでおられる手仕事、一年間の成果を発表し達成感を味わう学習発表会など、どれも子供たち自らが経験・体験することができる、素晴らしいプログラムを貴校は実施なさっておられ、私共の望む教育内容であると共感しております。もちろん、帰納的に学ぶことには限界がありますが、経験や体験を通して物事を深く考える機会を与えられることで、演繹的に考える力をも養えるのではないかと思っております。
　我が家の趣味は家族でテニスをすることです。今年、娘はラリーを１０回続けることを目標に設定しました。当初は苦戦しておりましたが、毎週末に家族で練習し、達成した時には妻と抱き合って喜んでおりました。
　貴校では、スポーツを通して心身の成長、仲間同士、先輩後輩の繋がりを大切にしておられると学校説明会でのお話で聞きました。勉強だけでなく、部活動にも積極的に取り組まれておられる、真の文武両道を実践なさっておられる貴校の初等教育を、わが娘が受ける機会があれば、親としてこれ以上の幸せはありません。

（５４０字）

早稲田実業

早稲田実業　入学志願書（２）
「本校を志望した理由、志願者の様子等をご記入ください。」
ＡＡさんの場合

　私共はこれまで、「思いやりがあり、相手の痛みがわかる優しい子供」になるよう、力を合わせて子育てをしてまいりました。自分がされて嫌なことは人にせず、されて嬉しいことはする、ということを言い聞かせてきました。

　その結果、息子は、保育園で泣いている友達がいたら、傍にいって声をかけてしばらくじっと見守っているといった優しい行動をとってくれているようです。また一方では、不得意な逆上がりを何度も練習し、本番の授業参観の時に初めて成功させるなど中々度胸のある面も見せてくれています。

　これからはこの優しさの上に、より度胸や逞しさを兼ね備えた「自立心のある、明るくタフな子供」に成長させたいと考えており、最初はできないことでも、どんどんチャレンジさせています。壁にあたっても決してめげずに頑張れる人間になってほしいと思っています。

　そのために、私達がそうであったように今後はスポーツを数多く経験させ、それを通じて困難を乗り越えられる強い心を養っていきたいと考えております。

　その点で、貴校の「文武両道」のお考えには全く同感であり、「思いやりの心を大切にすべし」という私共の信条から「三敬主義」にも共感した次第です。

　また、私の職場の貴校卒の人たちが皆さん一様に「タフ」であること、息子は私と同様に将来は理工系に進ませたいことからも、貴校に是非入学させたいと思い、志望いたしました。何卒よろしくお願い申し上げます。

（５９５字）

願書案に対するコメント

まず、早稲田の文武両道の武は運動に限らず、芸術などでもOKという解釈です。ですので、「文武両道＝タフ」というわけでもありません。早実でタフさが鍛えられるという印象はありませんが、唯一明快におっしゃっていたのは、校長先生は体育会の上下関係で鍛えられるということを説明会でおっしゃっておられました。それを引用するということでしょうか。

「理工系に進ませたいから早実」というわけにもいきません。本人の高校の成績で決まります。ですので、表現を工夫いただけますと幸いです。ご再考お願いします。

「思いやりがあり、相手の痛みがわかる子供」に育てることを目指し、子育てして参りました。自分がされて嫌なことは人にしない、されて嬉しいことはする、と言い聞かせております。その結果、息子は、保育園で泣いている友達がいたら傍にいって声をかけ、しばらく一緒にいるといった優しい行動をとっているようです。

　次のステップは、この優しさの上に、より度胸や逞しさを兼ね備えた「タフな子供」に成長させたいと考えております。最初はできないことでも、どんどんチャレンジさせております。壁にあたってもめげずに頑張れる人間になってほしいと思っております。最近では、不得意な逆上がりを発表本番に初めて成功させるなど、度胸のある一面を見せてくれました。私達がそうであったように、今後はスポーツに取り組み、スポーツを通じて困難を乗り越える強い心を養っていきたいと考えております。その点、御校の「文武両道」は理想です。学校説明会で校長先生がお話しなさっていた「クラブ活動の上下関係で精神面も鍛えられる」ということは全く同感で、「思いやりの心を大切にすべし」という私共の信条から「三敬主義」にも共感した次第です。

　私の職場の早稲田大学卒の人たちは皆さん一様に「タフ」です。私が理工系ですので、息子には、貴校の先生方のご指導で明るくタフな人材に育ち、ゆくゆくは日本トップクラスの早稲田大学理工学部に進学できればと思い、貴校を志望いたします。　　　　　　　　　　　　（５９９字）

早稲田実業　入学志願書（３）
「本校を志望した理由、志願者の様子等をご記入ください。」
ＡＢさんの場合

　先日、息子が2年間通っている水泳教室で、久しぶりに息子が泳ぐ姿を久しぶりに見て、その上達ぶりに驚きました。顔を水につけることを怖がっていた息子が、ビート板を使ってクロールの練習をしていました。先輩の格好のいい泳ぎに憧れていた息子に、自宅の浴室でゴーグルを着けて、たらいの水に顔をつけて練習することを提案しました。水に顔をつけることが怖くなくなってきた息子は、少し自信がついたようです。<u>貴校の校是である『去華就実』の如く、外面の泳ぎの美しさではなくそれを体現すべく、技術習得のための内面の充実を図ることの大切さ</u>を、息子は学びました。また、自分に自信がついてきたことで、幼稚園のお友達の長所を家庭で話すことが増えてきました。貴校の校訓<u>『三敬主義』</u>のごとく目標に向かって努力してきたことで自己を敬い、その経験から他者の能力や努力を敬うことが少しずつ出来るようになってきました。

　これらの貴校の教育方針とそれを体現化する『文武両道』に強く賛同します。勉強をしっかりやりながら、クラブ活動を通じて上下関係の厳しさを経験し、息子に心が強く人にやさしい人材になってほしいと強く願い、志望しました。

（４９０字）

願書案に対するコメント

校是（学校の根本精神）である「去華就実」の例としては、ふさわしくないと思います。「外見の華やかさを取り去り、中身・内容（実）を身につける（就ける）」という意味の言葉ですが、水泳のフォームは質に直結しているので、不適切な例だと思います。

「三敬主義」（他を敬し、己を敬し、事物を敬す）は早実の校訓ですが、そのキーワードをちりばめただけという印象です。三敬主義を書くのであれば、エピソードとの連動が必要です。

添削後

　菓谷学校長先生が、学校説明会でおっしゃっていた「変動が大きい時代、その変化を自分で切り拓く力が必要だ」というお言葉は、「去華就実」を校是とする貴校でこそのお言葉だと思いました。机上の空論ではなく、堅実な実務の中で先を読み、新しいアイデアを創造出来る人物こそ、自分で未来を切り拓くことができると思います。貴校の校是「去華就実」に強く賛同致します。私も小さい会社を経営しておりますが、地味なことでも堅実にしっかりと取り組むことが一番だと思っております。
　息子に対しては、多くの実体験をさせることを心掛けてきました。バーチャルではなく実物に触れる。頭で考えるだけでなくその場で必要な行動を考え実行するようになってほしいからです。毎年夏、家族で宿泊キャンプに行っておりますが、昨年は火おこしに失敗し苦い経験をしました。そこで、今年は息子と話し合い、燃焼用の廃木材を隙間を作りながら配置し風の通り道を作り、息子は簡易な道具で風を送り、勢いよく燃焼させました。軽い火傷をしましたが、よく焼けたお肉をほおばり、息子は満足げな様子でした。実体験を通じて、試行錯誤する楽しみを息子は覚えてきたようです。
　予測困難なこれからの時代、息子にはどんな場所、組織でも真に必要とされる人材になってほしい。貴校の、地に足がついた教育をぜひ息子に受けさせたいと願い、志望いたします。

（５７３字）

早稲田実業 入学志願書（4）
「本校を志望した理由、志願者の様子等をご記入ください。」
ＡＣさんの場合

　私共は、息子に、常に社会を意識しながら自らの資質を磨き、人のお役に立てることがあればためらわずに実践できる人間になってほしいと思っております。両親が共に早稲田大学の出身であること、また、母親が年次稲門会の役員として校友会のお手伝いに携わっていることに加え、早稲田実業の一貫したお導きの中で、まっすぐな気持ちで粘り強く物事と向き合うことを大切に、無欲で着実な努力を重ねる姿勢を培ってほしいと願い、志望致しております。

　息子は物怖じせずどなたにでも笑顔で接する子供で、素直に物事を見聞きし、興味が湧くと豊かな発想で次々と疑問を持ち、積極的に考えを深めて行くような一面も見られます。

　我が家では新聞やテレビのニュースを題材に、簡単には答えが出ないような問題に対して、易しい言葉ながら様々な考えを語りあうことを、家族で楽しんで参りました。

　また幼少期から徒歩や公共機関のみで遠方に出かけることに慣れており、剣道やコーディネーショントレーニングなどを続けながら、地道な体力作りに勤しんでおります。その甲斐あってか、夏休みに本人の思いつきから学校まで一人で行くことを試みた際も、親とは別車両に乗り、国分寺に着くまで一度も後ろを振り返らずに歩いて行くことができました。

　この先も永く早稲田に心を寄せ、もし親子揃ってより一層のご協力をさせていただけるようになりましたならばこの上なく幸いに存じます。　　　　　　　　　（５８７字）

願書案に対するコメント

大学出身者らしい願書で、内容的には概ね結構ですが、一文一文が長くて読みずらいので、そこを直すとよいと思います。

「親バカ」願書になっています。表現を工夫してください

「コーディネーショントレーニング」はまだ日本ではそれほど有名になっておりません。願書を読む先生がご存じない可能性があります。「変わったものに取り組む家庭」だと思われるリスクがあるので、あえて書かないほうがいいでしょう。

添削後

　私共は、息子に、人のお役に立てることがあれば、ためらわずに実践できる人間になってほしいと思っております。
　御校を志望するのは、両親が共に早稲田大学の出身であるから、あるいは、母親が稲門会の役員として校友会のお手伝いに携わっているからだけではありません。「人のために汗をかける人」を育てるという早稲田実業の一貫教育の中で、粘り強く物事と向き合い、無欲で着実な努力を重ねる姿勢を培ってほしいと願っているからです。
　息子は物怖じせず、どなたにでも笑顔で接する子供です。素直に物事を見聞きし、興味が湧くと次々と疑問を持ち、積極的に疑問を解決するように質問したり調べたりする一面も見うけられます。我が家では新聞やテレビのニュースを題材に、簡単には答えが出ないような問題に対して、易しい言葉ながら様々な考えを語りあうことを、家族で楽しんでおります。
　また、幼少期から徒歩や公共機関のみで遠方に出かけることに慣れており、剣道を続けながら、地道な体力作りに勤しんでおります。その甲斐あってか、夏休みに、本人の思いつきから自宅から御校まで一人で行くことを試みた際も、親とは別車両に乗り、御校に着くまで一度も後ろを振り返らずに歩いて行くことができました。
　末筆ですが、ご縁がございましたら、親子共々、これまで以上に早稲田大学および御校の運営にご協力させていただけましたら幸いです。　　　　　　　　　（５７６字）

早稲田実業　入学志願書（５）
「本校を志望した理由、志願者の様子等をご記入ください。」
ＡＤさんの場合

　私どもは、子供には心身共にたくましく、誰からも愛される人になってほしいと考えております。経験を大切に、先を急がせずに、礼儀正しく他人を敬う気持ちを大切にするようにと育てて参りました。

　<u>幼稚園では、年少の時から積み木で遊ぶことが大好きで、積み木の重ね方等、大きなものを下にすることで頑丈に作る方法が自然と体の中に染み付いて、皆の前で先生に、「積み木の使い方が上手だね」と褒められた時には、とても得意気にしていたと、担任の先生から報告を頂きました。</u>今後の人間としての基礎を作る大切な小学校６年間も沢山の経験を積んで、様々な力を身につけて欲しいと願っております。

　学校見学会の際、猛暑の中、プールサイドで保護者や子供の話に耳を傾けていらっしゃる橋詰校長の姿に、学校との距離の近さを感じ、親子共々、貴校で学ばせて頂きたいと思いました。

　志願者の父も、早稲田大学の卒業生としてのプライドを持って仕事に励んでおります。子供には、大学の４年間だけでなく、小学校から大学までの１６年間を早稲田で学ぶことにより、真の早稲田マンとして社会に貢献する人材になってもらいたい、また、最上の環境で学ぶチャンスを提供することが、親の役目であるとの考えにより、貴校を志望致しました。　　　　　　　　　　　（５２２字）

願書案に対するコメント

「志願者の様子」は積み木の話だけのようですが、他のことも書くほうがよいです。

　また、積木の話のあとに、「小学校６年間も沢山の経験を積んで」というところに、どうつながるのかもよくわかりません。

　さらに、この第二段落のところと、第一段落の家庭の教育方針との関係も、よくわかりません。

　それらの点をご再考ください。

添削後

　私どもは、子供には心身共にたくましく、誰からも愛される人になってほしいと考えております。また、礼儀正しく他人を敬う気持ちを持つように育てて参りました。
　隣人にも挨拶をしない風潮がある昨今、ちょっと変わった明るい親子だと思われているかもしれませんが、毎朝、親子共々、すれ違う隣人の方々に大きな声でご挨拶をしています。幼稚園では、年少の時からお友達と遊ぶことが大好きで、とりわけ積み木遊びが好きなようです。幼稚園の先生のお話では、お友達と一緒に、大きな積木を下にすると頑丈に作れるなど、試行錯誤をしているということでした。人間としての基礎を作る大切な小学校６年間では、小学生としての新しい世界でさらに沢山の経験を積んで、様々な力を身につけて欲しいと願っております。
　志願者の父は、早稲田大学の卒業生としてのプライドを持って、日々仕事に励んでおります。子供には、大学の４年間だけでなく、小学校から大学までの１６年間を早稲田で学ぶことにより、真の早稲田マンとして社会に貢献する人材になってもらいたいと思います。学校見学会の際、猛暑の中、プールサイドで保護者や子供の話に耳を傾けていらっしゃる校長先生の姿に、学校との距離の近さを感じました。そのような素晴らしい環境で学ぶ機会をわが子に与えたいと思い、貴校を志望致します。

（５５５字）

> 早稲田実業　入学志願書（６）
> 「本校を志望した理由、志願者の様子等をご記入ください。」
> # ＡＥさんの場合

　夏空のもと、大地にしっかりと根を張り、青々と繁る葉のように生命力満ち溢れた人になって欲しいと名付けた娘〇〇は、幼稚園やお稽古ごとで面倒見の良さと旺盛な好奇心を発揮し、日々精力的に活動しております。私共はその自主性を尊重し、自分で決めたことを最後までやり遂げる意思の強さを養うよう様々な機会を与えて参りました。また、全ての土台となる強い身体をつくることは特に大切にしております。<u>今夏には娘が希望した富士登山に家族３人で挑み、辛くなった娘は「富士山なんか大嫌い」と泣きながら、しかし一度も引き返すとは申さず登頂しました。</u>励まし合い一丸となって達成した経験は家族の絆を深め、娘には自信と誇りを与えたようです。何事においても強情なほど粘り強い娘ですが、真面目さゆえに物事を慎重に受け止め過ぎて立ち止まってしまうこともあり、どんな時にも自分の判断を信じ行動できるよう更に経験を積んで参りたいと思っております。

　貴校の児童の自主性、個性を尊重される方針、とりわけ<u>一人ひとりが個性や実力を発揮できるように配慮された多彩な教育活動</u>に、自他を見つめる様々な機会を得て心を豊かに動かし、自分の歩幅で力強く歩む娘の姿を重ねました。また娘自身も、学習発表会での１年生の堂々とした姿に自分を重ね、憧れを大変強くしたようで「貴校に通いたい」と母親と通学練習を始めております。

　将来は、多くの人に頼りにされる逞しく優しい心と賢さを兼ね備え、広い視野で社会に貢献して欲しいと願っております。そのためには、出会う人、物事に対して敬意をもって誠実に向き合う、人としての土台を培うことが大切だと考え、志願させていただきました。　　　　　（６９１字）

願書案に対するコメント

まず、字数が多すぎます。100字以上削ってください。

「富士山の登山」のネタは、多くの人とカブるのでやめてください。どこかの塾で仕込まれた願書と疑われ、不正だと思われる恐れがあります。

「一人ひとりが個性や実力を発揮できるように配慮された多彩な教育」とありますが、早実の教育が特別多彩であるとか、そういう配慮があるとは思えません。美辞麗句の類に該当し、心に響きません

添削後

　夏空のもと、大地にしっかりと根を張り、青々と繁る葉のように生命力満ち溢れた人になって欲しいと思い、娘には〇〇と名付けました。おかげさまで、名前のとおり、幼稚園やお稽古ごとで元気一杯すごしております。
　私共は、子育てにおいては、子どもが自分の五感で感じ、それを表現できることが大事だと考えています。休みの日には自然の中に行き、太陽の光や風を感じ、植物や昆虫を観察し、それを家族そろって絵日記に描いたりしています。
　学校説明会での貴校の様子のご紹介では、私共は、とりわけ武蔵野の自然観察に共感いたしました。身近な自然から、観察する力、調べる力、まとめる力、表現する力、発表する力などを同時に包括的に楽しみながら学ぶことができ、素晴らしいご指導だと思います。武蔵野の自然観察のみならず、ご紹介いただいた教育内容は先生方の丁寧な手作りのご指導によって実現されており、子どもを心豊かに成長させる工夫があると思いました。娘は、学習発表会での１年生の堂々とした姿に自分を重ね、憧れを大変強くしたようです。
　娘には、将来、多くの人に頼りにされる優しい心と賢さを兼ね備え、広い視野で社会に貢献して欲しいと願っております。「他人のために汗をかける」人を育て、頭でっかちでなく丈夫な身体もつくる文武両道を実践なさっておられる貴校で娘が学ぶことができれば、親としてこれにまさる喜びはありません。
　　　　　　　　　　　　　　　　　（５８２字）

編者紹介　アンテナ・プレスクール
ＪＲ山手線渋谷駅（以前は原宿駅）の近くにある幼児教室。「働くお母さん、シングルマザー、外国人のご家庭、海外赴任のご家庭のお受験、応援します！」という方針で、限られた時間でしか受験対策ができない人たちでも対応できるノウハウを提供中。名門小学校への高い合格率を誇る。
URL：//www.a-preschool.jp

著者紹介　石井至（アンテナ・プレスクール校長）
東大医卒。博士（学術）、Ph.D.。「ホンマでっか！？ＴＶ」「マツコの知らない世界」「ダラケ！お金を払ってでも見たいクイズ」などに出演。東京都市大学付属小学校学校評議員、首相官邸有識者などを務める。代表的な著書は、本シリーズの他に以下の通り。「慶応幼稚舎と慶応横浜初等部」（朝日新書）、「お受験のカリスマが教える成功する　小学校受験50の秘訣」（講談社）、「グローバル資本主義を卒業した僕の　選択と結論」（日経ＢＰ）。

慶応幼稚舎入試解剖学４
改訂版　合格する願書の書き方
慶応幼稚舎・横浜初等部・早実　対策

２０１６年７月２０日　　初版　第１刷発行
２０１９年５月　１日　　改訂版初版　第１刷発行

編者　　　　アンテナ・プレスクール
発行者・著者　石井至
発行所　　　石井兄弟社（URL：//www.ibcg.co.jp）
　　　　　　〒150-0001 東京都渋谷区渋谷3-6-4-302
　　　　　　電話 03-3499-1775
印刷・製本　株式会社シナノ書籍印刷
ISBN　　　 978-4-903852-14-0
　　　　　　Printed in Japan
Copyright　ⓒ 2019 Itaru Ishii, All right reserved
　　　　　　落丁・乱丁本はお取替えいたします。